小学作文创新模式探究

任 萍 / 著

东北师范大学出版社
长 春

图书在版编目（CIP）数据

小学作文创新模式探究 / 任萍著. — 长春：东北师范大学出版社，2020.8

ISBN 978-7-5681-6353-8

Ⅰ. ①小… Ⅱ. ①任… Ⅲ. ①英语－教学研究－高等职业教育 Ⅳ. ①H319.3

中国版本图书馆CIP数据核字（2020）第146211号

□策划创意：刘　鹏

□责任编辑：吴永彤　张新宁　□封面设计：姜　龙

□责任校对：刘彦妮　张小娅　□责任印制：许　冰

东北师范大学出版社出版发行

长春净月经济开发区金宝街 118 号（邮政编码：130117）

电话：0431-84568115

网址：http：//www.nenup.com

北京言之凿文化发展有限公司设计部制版

北京政采印刷服务有限公司印装

北京市中关村科技园区通州园金桥科技产业基地环科中路 17 号（邮编：101102）

2022年6月第1版　2022年6月第1次印刷

幅面尺寸：170mm×240mm　印张：13.5　字数：230千

定价：45.00元

目录

CONTENTS

第一章 课程写作标准及探究

语文课程标准的相关要求…… 2
学生不良写作心理探究及对策…… 5
提高写作教学质量的策略…… 9

第二章 造段创新作文研究

造段创新作文课题研究方案…… 18
在造段练习中不断培养学生的创新思维…… 21

第三章 拼图想象作文研究

拼图想象作文课题实验方案…… 28
在拼图想象作文训练中不断促进学生多元智能的发展…… 31
给学生的作文插上想象的翅膀…… 40
奇趣组合，看图说话、写话…… 46

第四章　同步作文拓展研究

小学同步作文拓展训练模式探究…… 54
拓展课堂阅读空间，多角度进行作文训练…… 60
基于学生个性特点的课外书选择方法指导…… 70

第五章　科技小论文写作研究

确定科技小论文的选题…… 78
古诗学习中的妙趣科学…… 89

第六章　序列作文积累研究

小学生序列作文片段练习方法探究…… 96

第七章　作文研讨设计及实例

观察·体验·倾吐…… 106
观察身边的景物…… 113
《动物是人类的好朋友》教学设计 …… 118
《舌尖上的家乡美食》教学设计 …… 131
活动方案实例…… 137
漫画作文教学设计…… 150
《儿童与发明》教学设计 …… 156

第八章 学生成长作文示例

体验·成长·快乐…… 170
难忘的雪乡之旅…… 173
吃火锅真爽…… 176
多姿多彩的小学校园生活…… 178
我最喜爱的家乡美食…… 180
“二宝妹妹”要来了 …… 182
牙齿的自述…… 184
新型机器人——阿尔法…… 186
妈妈，教师节快乐…… 188
妈妈，我想对您说…… 190
“琴童”修炼记 …… 192
我学会了游泳…… 194
我学会坐车出行了…… 196
精彩的拔河比赛…… 197
一次难忘的跳绳比赛…… 199
作业引发的思考…… 201
我学会了安静下来…… 203
我爱读书…… 204
我最爱读的一本书…… 205
青梅煮酒论英雄…… 207
武术·少林魂…… 209

第一章

课程写作标准及探究

1

语文课程标准的相关要求

一、写作总目标

能根据日常生活需要，运用常见的表达方式，具体明确、文从字顺地表达自己的意思。

二、阶段目标

（一）阶段目标的分类

1. 第一学段（一至二年级）：写话

（1）对写话有兴趣，写自己想说的话，写想象中的事物，写出自己对周围事物的认识和感想。

（2）在写话中乐于运用阅读和生活中学到的词语。

（3）根据表达的需要，学习使用逗号、句号、问号、感叹号。

2. 第二学段（三至四年级）：习作

（1）留心周围事物，乐于书面表达，增强习作的自信心。

（2）能不拘形式地写下见闻、感受和想象，注意表现自己觉得新奇有趣的或印象最深、最受感动的内容。

（3）愿意将自己的习作读给他人听，与他人分享习作的快乐。

（4）能用简短的书信、便条进行书面交际。

（5）尝试在习作中运用自己平时积累的语言材料，特别是有新鲜感的词句。

（6）根据表达的需要，正确使用冒号、引号等标点符号。

（7）学习修改习作中有明显错误的词句。

（8）课内习作每学年16次左右。

3. 第三学段（五至六年级）：写作

（1）懂得写作是为了自我表达和与人交流。

（2）养成留心观察周围事物的习惯，有意识地丰富自己的见闻，珍视个人的独特感受，积累写作素材。

（3）能写简单的记事作文和想象作文，内容具体，感情真实；能根据写作内容表达的需要，分段表述。

（4）学写读书笔记和常见的应用文。

（5）能根据表达的需要使用常用的标点符号。

（6）修改自己的习作，并主动与他人交换修改，做到语句通顺、行款正确、书写规范整洁。

（7）课内写作每学年16次左右，能在40分钟内完成不少于400字的作文。

（二）阶段目标的重点

一至二年级“写话”，重点是“对写话有兴趣，写自己想说的话”；三至四年级“习作”，重点是“乐于书面表达”，“能不拘形式地写下见闻、感受和想象”；五至六年级“写作”，重点是“能写简单的记事作文和想象作文”，“能写常见的应用文”。

“写话——习作——写作”，提法的改变是为了降低小学生写作的难度，表明小学阶段的作文是练笔，练习写下自己的见闻、感受和想象，有意降低难度，意在打破作文的神秘感，消除学生的畏难情绪，克服作文要“作”的心理障碍。作文就是写话，“我手写我口，我手写我心”。

我国古代蒙学正式写作（开笔）较迟，大多采取先“放”后“收”的训练程序。宋代谢枋得曾根据先“放”后“收”的作文指导原理编过一本《文章规范》。这部书有两部分，前半部分是“放胆文”，后半部分是“心小文”。他在“放胆文”的引言中写道：“凡学文，初要胆大，终要心小——由粗入细，由俗入雅，由繁入简，由豪荡入纯粹。此集皆粗枝大叶之文……初学熟之，开广其胸襟，发舒其志气，但见文之易，不见文之难，必能放言高论，笔端不窘束矣。”

古人有一种很好的理念，认为写作文应该从写“放胆文”起步，逐渐过渡到写“心小文”，即在学习写作的初始阶段不必强调种种规矩，应让学生放胆去写。就像初学走路的婴幼儿，首先是让他有迈开步子自己走路、不要人扶的勇气。这时候，走路的规矩和技巧对他来说毫无用处。

三、新课标关于写作呈现出的特点

（1）从写作的内容看，要求学生"能把自己的见闻、感受和想象写出来"。

（2）从写作的要求看，要求高年级学生的作文"内容具体""感情真实""分段表述""语句通顺""书写规范""会用常用的标点符号"。

（3）从写作的表述形式看，不应过分强调、苛求学生非得用某种体裁来表现。

（4）从写作训练的规律看，学生必然要经历一个由"不会写"到"会写"的循序渐进的过程。

四、课程标准在作文方面倡导的最重要的理念

放开手脚，我手写我心，自由表达。教师在作文教学中应努力做到：

（1）求真——童真、童趣、童语。

（2）求实——内容实，不空洞；讲实话，不说假话、空话、套话。

（3）求活——内容不限，形式不拘。

（4）求新——与人不同，写出新发现、新感觉、新想法。

写作贵在真、实，难在活、新。求真、求实、求活、求新，是作文教学追求的理想境界。

学生不良写作心理探究及对策

一、学生写作现状与原因

1. 现状

（1）雷同与重复现象严重。

（2）虚假作文比例较高。

（3）抄袭网络作文现象严重。

（4）套路、模式化、公式化作文明显。

（5）内容不具体。

2. 原因

（1）作文指导失当。教师陷入写作“从形式入手”而不是“从内容入手”的误区。

（2）作文教学无序，要求失当。教师偏重“教法”研究，关心开头结尾、层次段落、排比抒情等，忽视对学生学法和作文心理的研究，忽视对学生创造能力的关注和培养。

（3）忽视作文教学的动态研究过程，如写作前的情感共鸣、写作时的方法指导、写作后的评价反馈。

（4）课程与教学过程中存在其他问题。

3. 小学作文教学的基本走向

（1）注重激发写作的兴趣和自信心，养成写作的良好习惯。

（2）注重发展个性，激发创新精神。

（3）实现由重“怎么写”到重“写什么”的转变。

（4）实现由重“写作知识”到重“写作实践”的转变。

二、学生不良写作心理及探究

作文水平是衡量学生语文素质高低的重要标志，而作文教学难是长期以来语文教学界的普遍共识。我国一些著名的作文教学专家和学术机构的研究亦表明，作文教学效果远未尽如人意，尚未达到预期目标。当前在学生中出现了难写、怕写、“千人一面”的“假、大、空”现象，而教师怕教、难教，视教作文为苦差事，敷衍塞责者有之，劳而少功者亦有之，于是学生的作文水平每况愈下。这些现象从某种程度上说是一种心理现象，剖其现象不难发现，学生在写作时存在以下心理误区：

1. 认识模糊

有些学生因在知识掌握和思想认识等方面有所欠缺，对于日后作文在工作中的重要性未能完全理解。有些学生甚至误认为作文只是为了考试得高分，或只是为了完成老师交给的任务，于是对作文表现出似是而非的模糊认识。

2. 厌烦心理

因受传统应试教育思想的影响，学生作业量大，课外补习多，生活面狭窄，从家门到校门，失去了许多社会实践的机会。没有丰富多彩的生活怎能写出内容充实的作文呢？学生不得不“闭门造车”“无病呻吟”，于是产生厌烦心理。

3. 挫败心理

教师对作文要求过高，过于强调“文质兼美”，或随意拔苗助长，缺乏客观的评价标准，宽严不一，致使学生望而生畏，本来就很脆弱的心理受到极大的挫伤。长此以往，步入了恶性循环的怪圈。

4. 焦虑心理

焦虑是指人的行为遇到实际或臆想的挫折而产生的消极不安的情绪。学生写作时因缺乏兴趣、材料单一、心理压抑、反应迟缓等，造成难写、怕写的心理负担，导致思维活动闭合，产生紧张、厌弃作文的消极情绪。

5. 无所谓心理

传统作文教学因统得过死、放得过开、引导不当、缺少客观公正的评价等，常使学生感到束手无策、无从下笔，于是产生了写好写坏都无所谓的心理。

6. 应付心理

在平时写作时，因训练文体单一，不重视实用性文章的写作，作文教学脱离社会需要。更因写作训练存在文学化倾向，甚至用成人的标准衡量学生的作品，学生体会不到写作的社会价值和交际作用，应付了事。

7. 被动心理

传统作文教学没有充分意识到“以人为本”，没有充分发挥学生的主体意识，也没有让学生在写作时真正表现自己的思想、发表自己独特的见解，往往以教师的说教、分析、灌输等取而代之，学生则成了被动的接受者。

8. 对抗心理

学生因写不好作文而失去信心，随之产生对抗心理。教师因惜于赏识学生作文中的闪光点，或吝于使用赞扬、鼓励、期待等教育方式，常从成人角度对学生作文进行评价，使师生之间在感情上形成了一道鸿沟。作文时，学生对教师的指导听而不闻，对教师的批改视而不见，对抗情绪由此滋生。

9. 从众心理

学生写作时因受分数影响，无论是作文技巧还是作文内容往往不敢标新立异，不敢写出富有创造性的文章，“四平八稳”的常规性作文更能保证其获得基本的分数。

10. 投机心理

“作文难，难于上青天。”这不仅困惑着学生，同样也困惑着教师。教师或因班额过大、琐事繁多，对提高作文教学水平心有余而力不足，或因自身业务水平有待提高，或因教学反馈不良，或因作文水平提高本身就是一项长期而又隐性的教学实践，需要教师付出更多的热情和持久的钻研等，造成学生写作时文风不正，为取得高分而照搬照抄作文选，甚至考试前猜测作文题目提前训练。殊不知，作文是一种创造性的劳动，岂能心存侥幸、“投机取巧”呢?

11. 矫情心理

一些学生因写的作文效果不好，但碍于面子或自尊心写假人假事假经历的“胡编式”作文、东拼西凑的“拼凑式”作文、全文照搬的“移植式”作文等，结果文章辞不言情、“笔”是心非、失真失诚，尽是空话、套话和假话。

12. 冷漠心理

刘勰曾说："文附质也。"即文字的表达必须扎根于特定的思想或情感内容之中，而作文教学的真谛就是激发学生对生活的热爱。学生只有热爱生活，有丰富的感受，才有写作的愿望，也才能写出内容充实的文章。而单调、乏味的生活使学生逐渐失去了写作的激情，冷漠由此产生。

13. 交际缺失

新课程标准强调："作文是自我表达和与人交流。"而传统作文教学并不从人的交际需要出发，很少努力创设人与社会、人与自然对话的情景，忽视让学生拥有广大的"读者群"。学生的作文不知道是写给谁看的，成了没有交际对象的"面壁而作"，导致学生难以产生与社会、自然直接交流时的愉悦感和表达冲动，进而交际失败，引发心理问题。

14. 心灵沟通被忽略

传统教学忽略了学生的主观能动性和自主性，教师忽略了与学生情感的沟通，没有把作文看成是师生交流思想、沟通情感的渠道，没有倾听学生真情实感的诚意和愿望，因此学生不愿吐露真情。

15."高原"心理

作文是学生语文综合能力的最高体现，但在平时的课堂阅读教学中，教师没有充分发挥阅读的价值和作用，大多停留在对思想内容的分析和概括上，较少引导学生注意作者是怎样观察生活、体验生活以及怎样从生活中获得素材和灵感的。教师不注重学生在朗读中感悟、内化、积淀，不是厚积薄发，而是急功近利，在课外阅读时以休闲、娱乐作品取而代之，造成学生感情淡薄、认识肤浅、写作水平停滞不前，难以超越自我达到新的水平。

综上所述，缺乏主动、缺乏兴趣、缺乏自信、缺乏激情、缺乏真情实感、缺乏创新意识是小学生不健康写作心态的主要表现。这些消极心理严重地影响了学生写作的积极性和创造性，与新课程标准对写作的要求大相径庭。因此，教师必须引起高度重视，不断探索，努力走出作文教学的困境，让学生充分张扬个性，放飞心灵，"我口说我心""我手作我文"，真情流露。

提高写作教学质量的策略

一、构建新型师生关系，放飞学生的心灵世界

“感人心者，莫先乎情。”作文教学是师生情感交流、彼此感染的过程。教师应改变传统的“唯命是从”“满堂灌”等主导观念，充分认识到学生作为生命个体所具有的丰富性与发展特征。在师生交往时，教师根据学生的身心发育特点努力寻求契机、融洽情感，构建民主、平等、和谐的新型师生关系，努力把握不同写作主体在不同状态下的写作心理，尽力寻找学生写作的最佳兴奋点，使学生不断拓宽写作空间，激活写作才思，放飞写作激情，培养写作兴趣，并使之逐步维持，最终形成良好的写作习惯。

（1）寻求契机，融洽师生情感。

（2）鼓励学生写好“放胆文”，“我口说我心”“我手作我文”。

（3）定期开展作文咨询活动，为学生质疑、解惑提供方便。

（4）及时收集学生、家长对作文教学的意见，可采用问卷调查、座谈会、个案访谈等形式，改进教学方法。

（5）努力培养学生的集体意识，学会欣赏、赞美、认可、评价他人，建立学生之间良好、和谐的人际关系。

二、以生活为源泉，学会观察，诱发写作动机

美国教育家科勒斯涅克说：“语言学习的外延与生活的外延相关。”文学家朱熹道：“问渠那得清如许，为有源头活水来。”叶圣陶曾说：“生活就如泉水，文章就如溪水，源泉丰盛而不停歇，溪水自然活泼地长流。”所以，如果学生不能够融进丰富多彩的生活中，就是堵住了作文之源，失去了生活对学

生作文的现实观照、对比。因此，脱离实际、无病呻吟的作文才会四处泛滥。语文新课程标准强调：“养成留心观察周围事物的习惯，有意识地丰富自己的见解，珍视个人的独特感受，不断积累作文素材。”因此，教师要引导学生从生活入手，学会观察，不断诱发其写作动机。具体措施如下：

（1）开展丰富多彩的课内外文体、公益、交际、参观、交流活动，不断扩大学生的生活面，让学生在丰富多彩的生活中学会感知和积累。

（2）多角度、多层次引导学生了解生活、感受生活。

（3）调动多种感觉器官认识事物，培养学生科学观察的方法和能力，逐步提高对事物清晰、具体的认识。

（4）扩大学生的课内外阅读范围，引导学生在生活实践中拓宽视野，在语言积累过程中学会分析内容，提炼中心思想和观点。

三、从想象入手，多角度、多层次进行写作训练

发展心理学研究成果表明，小学生处在创造性想象能力发展的最佳时期，他们常常借助幻想的方式观察、理解和解释生活中的事物。因此，教师要顺应学生心理发展的规律，张开想象的翅膀，放飞自我。具体措施如下：

1. 多角度进行想象作文训练

（1）根据学过的童话、寓言、故事进行想象写作，如《孙悟空下凡》《坐井“出”天》等。

（2）借助假想的情境进行想象作文。小学生对未来会有一定的追求和理想，每天都会萌生许多美好的念头。因此，教师要善于捕捉时机，创设情境，引导学生根据假想的情境进行奇特的想象，为自己的未来描绘出一幅诱人的图景，如《二十年后的我》《假如我是老师》等。

（3）利用图画、音乐等多媒体手段进行想象作文。《小学儿童教育心理》告诉我们，无意注意和无意识记在小学生的学习中起着十分重要的作用。在教学中，教师可根据此规律增加材料的直观性和情绪色彩，配以优美的音乐，从不同侧面刺激学生的感官，引起学生的学习兴趣，使之展开想象，想象画外之音，变静态为动态，变无声为有声，如《快乐的节日》《童年》等。

（4）凭借教材中的插图、情节延伸、悬念、省略号、内涵丰富的词句进行

想象作文，如《烈火中的邱少云》《卖火柴的小女孩来到我家》《渔夫掀开帐子以后》等，极大地调动学生写作的积极性，力争达到较好的写作效果。

2. 写愿望性作文，即心灵独白

小学高年级有一部分学生因身心发育较快而出现早熟现象，比较叛逆，和家长、老师、同学的人际关系紧张，学习压力大，出现不同程度的心理问题。因此，教师要学会换位思考，创设情境，让学生写愿望性作文，以达到"我手作我文"的目的，如《妈妈，我想对你说》《老师，我错了》《我这样想》等。

3. 多角度、分层次进行写作片段练习

（1）词语描述。即通过描述情境，表达出指定词语的意思。例如"骄傲"，要求学生从人物的语言、行动、神态或心理活动进行描述。

（2）创设情境。设计一些生动有趣的场面，将学生引入情境之中，使其受到形象化感染，进而提笔作文。

（3）练习改写、扩写、缩写、续写等，多角度、分层次培养学生的创造思维。

（4）借物联想。教师根据学生生理、心理的实际，巧设情境，用学生的文具、玩具等物品激发兴趣，借物进行联想、创新等，如《铅笔盒的对话》《沙井盖为什么是圆的》。

四、降低写作要求，拓宽训练形式

语文新课程标准对作文提出了新的要求："懂得作文是自我表达和与人交流。""要做到语句通顺、行款正确、书写规范整洁。"这些要求顺应了小学生的身心发育特点，易于学生自我能动性的发挥和积极性的调动。因此，可采取如下具体措施：

1. 作文题目要呈现开放性

既不能统得过死，又不能无题目放任自流。为了适应学生的心理特点，作文题目宜少做限制，给学生较大的选择余地，使学生言之有物、有情可抒，更好地发挥想象力和创造力。例如，可给一个半命题，也可以给一个范围（不定题目），让学生根据自己的实际需要确定题目并开展写作。

2. 从不同角度写

从多角度认识和表达，只要见解独到、感受真实即可。如“家乡变化”，可写家乡的美景、家乡的过去、未来的家乡、家乡的新人新事新风尚、家乡的特产等。

3. 运用不同的技巧写

可按顺序写，也可倒叙写；可先总后分，也可先分后总；可开门见山、首尾呼应，也可图文并茂。

4. 丰富自由创作的形式

变传统的学生独立写作为学生小组或相互交流式写作。写作小组可以是4人小组，亦可自由组成“作者—编辑—读者”的群体等。这样，学习能力、水平相似的学生组成4人小组，既不会感到竞争的压力，又有共同的语言，便于高效快速地写好文章；学习能力、水平差异较大的学生在组成4人小组时，教师要深入了解不同学生的身心发育特点、性格、爱好、追求等，指导学生在分组时做到“互补”“兼容并蓄”。这样可以使学生在写作时形成互动，相互激发思维、启发想象、取长补短，易于迸发写作灵感，从而提高作文兴趣。

五、赏识闪光点，科学民主指导

在作文教学中，教师要努力建立良好的师生关系，形成和谐、民主的教学氛围，减少对学生过多的束缚，赏识其闪光点，科学民主地指导，鼓励学生大胆、准确地表达，写其想写、写其能写。具体措施如下：

1. 巧妙利用头脑风暴法

运用头脑风暴法引导学生，对学生进行智力激励，即给出一个作文范围后，组织学生提出多方面内容和多种写法。例如，围绕手机写出自己亲身经历的一件事。有的学生写成说明文，介绍手机的外观、颜色、功用等；有的写自己曾用手机发短信给老师、家长；有的写手机的自述；有的以小见大，通过爸爸近几年更换的几部手机反映生活水平日益提高；有的写自己帮妈妈用手机发短信、购物；等等。

2. 善用赏识

赏识学生作文中的闪光点，它既可以是一个好的构思、中心，也可以是写得好的一段话、一句话、一个词语甚至运用恰当的一个标点符号等。善用赏识、激励，可以使学生扬起自信的风帆，奠定成功的基石。

3. 引导学生创作口头作文

俗话说，“会说则会写”，“说得好、说得巧、说得妙，才能妙笔生花、行云流水”。因此，写作之前要引导学生多思考、多说，说自己相关的经历，说自己了解的相关资讯及如何写作，还可以说出自己在动笔前的困惑。说的方式可以是自己说、同桌说、小组说、指名说等。

4. 加强长期训练

组织学生画“脑图”，即在正式作文前把题目写在一个小圆圈内，在圆圈外从不同角度写出自己运用头脑风暴法所想到的内容，对比、分析、筛选，从中选出最符合自己实际和写作要求的内容来写。这样的长期训练既不会使学生陷入“无源之水、无本之木”的困境，又有利于培养学生的写作兴趣，提高学生的作文水平。

5. 鼓励学生个性化的表现

鼓励学生在作文中个性化的表现，既可以是个性化的选材、立意，也可以是个性化的构思、语言、技巧等，以此克服从众心理。这样既易于激发学生对写作持久的兴趣，又能不断培养学生对写作的探究意识。

6. 利用多媒体创设易于动笔写作的最佳氛围

音乐是无声的语言，优美、动听的音乐能使学生的精神氛围进入一个轻松、自如的境界，从而情感自然流露，想象迸发，灵感闪现，下笔则如行云流水，汩汩滔滔。

六、改变评价标准，放飞写作心灵

语文新课程标准指出：“修改自己的习作，并主动与他人交换修改。”而传统的作文修改不能突出学生的主体地位，基本上都是由教师批改，学生被动接受。学生的写作心理得不到应有的尊重，写作周期长，造成学生写作热情减退。教师包揽作文批改，费时费力，影响了业务进修和教学水平的提高。在这方面，叶圣陶早就说过：“假如着重培养学生自己改的能力，教师只给引导、点拨，该怎样改让学生自己考虑决定，学生不就处于主动地位了吗？养成自己改的能力，这是终身受益的。”因此，教师要贯彻“作文批改的优先权属于本人”的教学理念，改变评价标准，鼓励学生放飞写作心灵。具体措施如下：

1. 建立多种评价、激励形式

不必每次作文都打分数，其实分数也未必完全客观、标准，评价的目的是激发学生的写作动机。因此，除了分数评价外，也可以奖励学生人头像、小动物印章、贴纸、笑脸、花朵等来表示学生的作文成绩。

2. 评语要具体

评语要有鼓励性、幽默性、建议性、亲和性，使学生既看到自己的进步，又知道存在什么问题及怎样解决。

3. 师生共评赏

运用多种作文批改方法，既可以自改、互改、小组改，也可以挑选有代表性、典型性的作文师生共评，让学生充分发表意见，尽可能多地鼓励学生，让学生知其然并知其所以然，从而增强写作信心。

4. 建立新的作文评价模式

即讨论评价、主体评价、交流反馈、评价展示等，为学生提供广泛交流的机会，进一步提高学生的读者意识，体会成功的感受。

（1）朗读佳作。可以请学生自愿在班里朗读自己认为写得好的文章、段落、句子或者词语等，让他们充分体验写作带来的成功和快乐。

（2）主动找同伴欣赏、评价。学生根据自己的作文能力、水平、性格、爱好等自由选择同伴，既不会使自己在心理上造成巨大落差，又能听到客观、中肯的评价，这样做有利于写作水平的不断提高。

（3）请任课教师、家长评价。苏轼有诗云：“横看成岭侧成峰，远近高低各不同。不识庐山真面目，只缘身在此山中。”不同教师的评价角度也各不相同，只要能对学生的某一方面认可、鼓励，提出修改意见即可。

（4）张贴范文、佳句。可以让学生把自己认为写得较好的作文抄写或打印在稿纸上，张贴在展板、学习园地中，供全班学生欣赏、评价。也可以在年级、校园流动展出，丰富校园文化氛围，让更多学生提高写作兴趣。

（5）设计、整编成作文选。学生可以将自己一段时期内所写的精彩文章打印并装订成作文选（包括前言、序言、目录、后记、封底等），也可以是全班围绕一个共同的话题集体写作，然后挑选出佳作，合编成作文选。这样既锻炼了学生动手操作的能力，丰富了学校的图书资源，又极大地提高了学生写作的积极性。

（6）推荐作文发表。现在是信息时代，图书、报纸、杂志、网络等给学生提供了更多自我展示的平台。教师可以根据学生的实际提供相关图书、报纸、杂志、网络的投稿地址、网址等，教给学生正确的方法及注意事项，鼓励学生踊跃投稿，让学生逐步体验成功的感受，激发其自我超越。

总之，只有了解学生写作的不良心理，并对症下药，才能放飞学生写作的心灵，激发其写作的兴趣，提高其写作的水平。但是，怎样做到既提高写作的兴趣和水平又能循序渐进地传授写作技巧，如何克服小学高年级学生作文的“高原现象”，如何做好小学毕业生的作文和初中生接轨……这些问题有待于进一步研究和探索。

“路漫漫其修远兮，吾将上下而求索。”作为教师，只有在教学实践中不遗余力地研究、探索，付出艰辛的努力，才能使作文教学结出丰硕的果实。

第二章

造段创新作文研究

2

造段创新作文课题研究方案

广东省惠州市第十一小学　任 萍

一、课题的提出

创新教育要求教学必须培养学生的主体意识，发挥学生的主体探究精神。近几年来，国家提出素质教育的核心就是给学生创设一个适宜于发展的良好环境，体现学生的主体地位，让学生自主学习，培养和发展学生的创新意识、创新精神和创新能力。因此，在教学中首先要突出学生的主体地位，调动学生的积极性，让其主动参与到学习中来，成为学习的主人，发现问题、讨论问题，自主选择学习内容。

本研究方案是走出作文教学困境的良好途径。当前，中小学作文教学或因没有完整的教学体系，缺乏独立的写作教材；或因学生的生活面狭窄，缺少科学的观察方法和能力；或因班额过大、琐事繁多，教师对提高作文教学心有余而力不足；或因教师自我业务水平有待提高；或因教学反馈不良；或因作文水平提高本身就是一项长期而又隐性的教学实践，需要教师付出更多的热情并持久钻研；或因传统作文教学不是从人的交际需要出发，忽略了学生的主观能动性和自主性，忽略与学生情感的沟通，同时又忽视让学生拥有广大的"读者群"……凡此种种，导致在作文教学中出现了许多不容乐观的状况。教师视作文教学为难事、苦差事，怕教、不懂教者有之，敷衍塞责者有之，劳而少功者有之，学生在写作文时出现了难写、怕写、"千人一面"和"假、大、空"等现象。

提出这一课题的目的就是在充分解读新课标的前提下，根据学生身心发育的特点和认识论中的有关理论（加涅的认知心理学和布鲁纳的发现心理学），以及逻辑学的有关知识，采用分层递进的方法，尊重学生的主观能动性，让学生自由选择课文学过的好词、好句，充分发挥想象和创造才能，连词成句、连段成篇，循序渐进、由浅入深地进行放胆写作。

二、课题的界定及理论依据

1. 课题的界定

造段练习是指运用现代教育思想和教育理论，培养学生根据语文课本所学词语进行连词成句、连句成段、连段成篇的一种循序渐进的作文训练形式。

2. 课题的理论依据

（1）语文课程标准规定的培养目标为学生提供了广阔的写作空间，减少了束缚，引导学生珍视个人的独特感受与真情实感。

（2）建构主义理论。知识不是通过传授得到的，而是学习者在一定的情景下，借助教师或同伴的帮助，利用必要的学习资料，通过意义建构的方式获得的。

（3）认识规律。遵循由易到难的原则，放缓作文的坡度。从写“放胆文”到放飞写作激情，不断凸显学生的个性，培养创新能力，以解决内容和形式的问题。

（4）教学规律。由易到难，循序渐进，勤写多练，将提高学生认识水平与培养学生表达能力紧密结合起来。

三、课题的研究内容及目标

1.研究内容

（1）兴趣是自主写作的内在动力。多方面、多角度地激发学生的兴趣，降低写作难度，由写“放胆文”逐步引导学生主动参与写作。

（2）引导学生主动、用心参与生活实践，注重书本阅读与生活实践相结合，由写句、写段到写篇，分层递进，完成对语言的积累和感悟。

（3）课内与课外“双轨阅读”，使读写有机结合。

（4）从选材的创新、体裁的开放、形式的淡化到情感的引爆等方面，不断培养学生的创新精神，发展学生作文的个性化。

（5）对学生作文进行开放式评价。

2. 课题的研究目标

（1）遵循学生的认知规律，以兴趣为先导叩开作文创新的大门，探索在造段练习中分层递进，培养作文训练与学生创新能力之间的关系。

（2）了解学生的写作心理，遵循学生身心发育的特点和认识客观世界的规律等，不断构建开放、发展、循序渐进、创新的写作模式。

（3）激发学生写作的兴趣，鼓励学生想说就说、爱说爱写，帮助学生会说、会写，引导学生说好、写好，使学生不断克服写作弊病，最终达到“我手写我口，我手写我心”“我手作我文”的目的。

（4）让学生将课内外知识有机融合，关注生活，在生活中积累写作素材，书写生活感受，不断自我体验、感悟、内省，从而更好地指导生活，领悟生活的真谛，最终达到“作文就是做人”的境界。

（5）使学生养成关注生活、努力求知的学习态度，不断激发学生的想象力和创新能力。

（6）总结并形成造段创新作文教学研究的基本理论和模式。

四、实验原则

1. 主体教育思想

主体教育思想是指在教学过程中确立学生的主体地位，激发学生的主体精神，发挥学生的主体作用，并不断提高学生的主体性发展水平。让学生生动活泼地主动发展，既是主体教育思想的精髓，也是培养创新精神、创新意识、创新能力的首要条件。

2. 创新教育理论

教育既是知识创新、传播和应用的主要基地，也是培养创新精神和创新人才的摇篮。创新对基础教育而言，不能要求学生像科学家、发明家或者文学家那样创造出全新的产物或作品，而应引导学生在学习的过程中提出解决问题的办法和策略。

在造段练习中不断培养学生的创新思维

广东省惠州市第十一小学 任 萍

语文新课标强调创新精神和创新能力的培养。创新能力包括创新思维和创新实践能力。其中，创新思维是创新实践的前提和先导。因此，语文教学必须重视对学生创新思维的培养。作文教学占了语文教学的半壁江山，应大力培养学生的作文创新能力，对学生进行创新作文教学。从“造段创新作文教学研究”开展以来，笔者进行了有益的尝试。在语文教学中，应通过造段练习培养学生写作的创新思维，提高学生的创新能力。结合教学实践活动，具体情况如下：

一、扩展描述，创造新形象，培养创新思维的形象性

人脑对已有表象进行加工而产生前所未有的新形象的思维特性，称为创新思维的形象性。造段练习是指通过想象、联想进行扩展性描述，使文中单调干瘪的形象变得鲜活有生气，是一个很好的训练形式。它旨在通过了解学生的写作心理，遵循学生身心发育的特点和认识客观世界的规律等，不断构建开放、发展、循序渐进、创新的写作模式，多角度、分层次地进行扩展描述练习。

1. 词语描述即通过描述情境，表达出指定词语的意思

例如，在学习了六年级《穷人》中的重点词语“忐忑不安”后，笔者要求学生从人物的语言、行动、神态或心理活动等方面进行描述，并结合他们真实的生活经历仿写出自己“忐忑不安”的事例，如悄悄打游戏、晚上在被窝里偷看课外书、第一次私自买零食等。

2. 抓住重点词语，创设情境

学生的想象不是凭空产生的，在抓住课文的重难点词语后，学生就已经具备了想象的基础，会根据生活的积累和语言的储备在脑海中设计一些生动有趣的场面，进而提笔作文。例如，班里有位学习基础较差的学生，在学习了《迷人的张家界》一文后，他印象深刻的词语是“景色怡人”“四季如春”。在运用这两个词语进行造段练习时，这名学生根据自己生活的积累写出了这样一句话：“我的家乡惠州是个四季如春、景色怡人的地方。”虽然内容不够具体，但是经过教师的指导和学生的反复修改，他又尝试着写出下面一段话：“我的家乡惠州是个四季如春、景色怡人的地方。这里有许多旅游景点，如西湖、罗浮山、滨江公园、大亚湾等，还有许多美食，如东坡肉、盐焗鸡、三杯鸭……我爱我的家乡——惠州。”对比之后，我们会明显地发现学生的思维更具体了。学生第三次修改后的内容是：“我的家乡惠州是个四季如春、景色怡人的地方，素有‘粤东重镇’‘岭南名郡’之称。惠州有许多旅游景点，如风景秀丽的西湖和罗浮山、充满欧陆风情的滨江公园、迷人的大亚湾等。在惠州，你还可以品尝到许多美食，如东坡肉、盐焗鸡、三杯鸭……南海石化项目的落户给惠州注入了新的生机和活力。惠州犹如展翅的雄鹰，搏击长空；惠州犹如腾飞的巨龙，蒸蒸日上。我爱我的家乡——惠州。朋友们，快来吧，愿惠州成为你的第二故乡。”本着“文章不厌百回改”的观点，教师又提出了一些更具建设性的意见，学生反复进行了修改，最后写出的文章得到师生的一致好评，并被选送到杂志上发表。

3. 运用课文的重难点词语，改变古诗词写作体裁，创造新形象

语文课本中的古诗词为培养学生的创新思维开辟了广阔的空间。诗词体裁的课文有其特殊的特点：语言的高度凝练性、结构的跳跃性、艺术形象富于想象性。教学此类体裁的课文时，可以让学生将其改写成记叙文，在了解诗词大意的基础上，结合课文插图和生活经验，展开充分合理的想象和联想，加工、改造、创造艺术新形象，使其丰富、生动、鲜活，补充、完善诗词中空缺的结构，使情节连贯、有序、具体。这一系列的思维训练无不浸透着学生的创作个性。如改写《晓出净慈寺送林子方》，学生补叙了作者杨万里和林子方畅游西湖时的对话，并巧妙地将重点诗句渗透到人物对西湖美景的描述和赞美之中，加深了对诗句的理解和运用。

4. 运用课文的重难点词语，扩充情节内容，创造新形象

根据课文中简略或一笔带过的情节，发挥想象，扩充情节内容，创造形象逼真、内容具体的新形象。如教学《赤壁之战》时，笔者安排了情节扩充训练——用自己的想象将黄盖写给曹操的投降信补充出来。这种训练既加深了学生对课文内容和人物性格的理解，又使学生的创造性思维得到最大限度的发挥。又如教学《友谊的航程》，学生结合插图，用自己生动的语言展现出不同人物的动作、神情、心境，感受人们喜悦的心情，通过扩充情节内容，一个个生动鲜明的崭新形象跃然纸上。

5. 借物联想

教师根据学生心理巧设情境，用学生的文具、玩具等物品激发兴趣，借物进行联想、创新等。如在教学五年级课文《新型玻璃》一课后，学生结合拓展阅读《儿童与发明》，深深懂得了“儿童的好奇心是无止境的”“好奇心是发明创造的源泉”“发明就在身边”，于是写出了《新型水壶》《新型书包》《马铃薯为什么会变色》《我家的桃树会流泪》《哪种纸巾更实用》等佳作。

二、学习写法，迁移运用，培养学生创新思维的灵活性

迅速而轻易地从一类对象转向另一类对象的思维特性，称为创新思维的灵活性。语文课本中的每一篇文章都是精心挑选的名篇佳作，其中蕴含着可供借鉴学习的写作技巧。教师要善于挖掘课文中典型的写作技巧，指导学生积极灵活地运用于写作，训练学生创新思维的灵活性。

1. 积累感悟重点词语，学习写作的语言艺术

语言是文学的第一要素。只有正确精当地运用语言，准确具体地传达出事物的个性特征，创造出典型的艺术境界，这样的作品才能给人以美的享受。应通过替换、比较、选择，让学生揣摩用词的准确美；通过品读优美语句，让学生感受语言的声响美、描绘的意境美、抒发的情感美，在熏陶感染中鼓励学生积累（赏读、背诵、摘抄），恰当地运用于写作。

2. 多角度、多侧面引导学生学习不同文学样式的写作手法

（1）语文课本中安排了各种类型的文学样式。在教学中，教师应当指导学

生学习此类作品的写法，并巧妙灵活地运用于写作，切实做到学以致用。如教学《只有一个地球》这篇课文时，笔者指导学生学习写法：以强有力的证据，条分缕析地阐明地球的重要性。为了激发学生的写作热情，笔者首先播放准备好的课件，然后让学生通过查找资料、图片、数据等加深对课文内容的理解，最后让学生根据自己的生活积累作文。学生写出了诸如《给地球母亲的一封信》《选美大赛》《法庭审判》《小水滴的心愿》《地球啊，我亲爱的母亲》等不同体裁的文章。

（2）教师可以指导学生综合课文中学到的内容详略得当、结构总分式、环境描写、心理刻画、细节描写等写作技巧，结合生活实践，多角度、多侧面地进行写作。例如，五年级上学期第二单元的作文要求是“围绕家乡变化写出自己印象深刻的一个方面或者亲身经历的一件事”。在训练时，根据学生的认知水平、思维发展特点，笔者进行了分层次的梯度训练：“家乡的美景——家乡的特产——家乡的美食——家乡的风俗——家乡的建筑——家乡人的精神风貌。”有的学生写成了导游词介绍家乡；有的学生写成了书信，寄给远方的亲人。总之，教师要细心挖掘，选取一点，以点带面，迁移运用，训练学生思维的灵活性。

三、寻找思维的发散点，变通思考，培养学生创新思维的发散性

依据一定的知识和事实求得某一问题的多种可能答案的思维特性，称为创新思维的发散性。这是一种沿着不同方向、不同范围、不因循传统和常规、自由发散的思维方式，是从已知信息中衍生出大量变化的、独特而新颖的新信息的思维。语文教学中隐藏着许多可供发散思维的信息源，教师要善于捕捉，鼓励学生打破思维定式，从新角度、新观念出发认识事物，变通思考，敢于发表与众不同的见解，提出解决问题的新方法，并付诸笔端。例如，在指导学生学习第十一册“语文积累运用五”的阅读《巴甫洛夫很忙》后，学生虽对人生的价值和意义到底是什么有了初步的理解，但仅仅停留在表面上，还不能完全扭转某些学生错误的人生观和价值观。因此，笔者先让学生采访自己的亲朋好友并进行反馈；接着将自己人生的经历、体验、感受讲解给同学；然后请到李军

老师（中国教育科学德育专家名人、中国管理科学研究院人文科学研究员、广东省惠州市归国华侨联合会委员、哲学教育学硕士）做客教室，让学生进行现场采访；最后邀请部分家长到教室，和学生一起为学习《成长勿忘父母恩》，并进行心灵沟通。学生在活动中逐步感知了生命的价值和意义，而且被丰富多彩的活动形式所吸引、感动，写作热情倍增，写出了题材新颖、感情充沛的文章，如《妈妈，您辛苦了》《老师伴我一路行》《李老师给我煲心灵鸡汤》《难忘的一次采访》《给爸爸的一封信》《生活是多么广阔》《对话》等。

1. 文尾续写法

依据课文故事结尾的发展情况，猜测、想象故事可能继续发展的趋势，并进行续写。一些课文结尾给人以模糊的答案或制造悬念。如《狼和小羊》，狼向小羊扑去后结果怎样？让学生猜测小羊不同的命运。即使没有明显悬念的结尾，教师也可故意设置续写的提示。如教学《田忌赛马》这篇课文时，笔者安排学生续写田忌和齐威王第三次赛马的情景，进行思维的扩散训练；教学《白杨》这篇课文时，笔者让学生续写孩子们长大后扎根边疆、建设边疆的情景。总之，续写可突破思维的唯一性、集中性，让学生的思维发散开去，以培养学生的创新思维。

2. 写读后感法

“一千个读者眼中就有一千个哈姆雷特。”写读后感应鼓励学生力求从问题的不同思考点出发，选取一点，表达观点，写出自己独特的感受，立意出新。如写《负荆请罪》的读后感，有的学生从蔺相如出发，写为人应宽容大度；有的学生从廉颇出发，写处事应知错就改；有的学生从赵国的形势出发，阐述了生活在集体中应顾全大局……形成观点各异、百花齐放的局面。

3. 角色转换法

角色转换法是指依据课文情境，让学生设身处地感受文中人物的处境，根据个人的理解感受和知识经验各抒己见，设想如果自己是文中的角色将如何更好地处理问题。例如，在教学《螳螂捕蝉》这篇课文时，笔者设置如下写作训练：“如果你是文中的少年，将用怎样的办法劝说吴王？”有的学生引用“鹬蚌相争，渔翁得利”的典故劝说，有的学生引用“两败俱伤”的典故劝说，有的学生引用“喜鹊搬家”的寓言劝说，表现出各自的勇气和智慧。

在新课程走向创新、走向综合的过程中，教师更应该加强语文教学的积累与作文教学的密切统一，在语文教学中努力挖掘两者的结合点和思维的创新点，指导学生写作，鼓励与众不同、标新立异的创作，从而提高学生写作的创新思维能力。

第三章

拼图想象作文研究

3

拼图想象作文课题实验方案

广东省惠州市第十一小学　任 萍

一、课题的提出

《语文新课程标准》强调：“作文要运用联想和想象，写出想象中的事物，写想象作文。”同时，还强调了综合性学习的重要性，即“用口头或图文等方式表达自己的观察所得，用书面与口头结合的方式表达自己的观察所得”；跨领域学习目标的综合，即“拓宽语文学习和运用的领域，注重跨学科的学习和现代科技手段的运用，使学生在不同内容和方法的相互交叉、渗透、整合中开拓视野，提高学习效率，初步获得现代社会所需要的语文实践能力”。新课程标准的这一要求适应了当今时代发展的需要，对推进学校的素质教育有着重要的促进作用。

本课题旨在“以人为本”，解决目前作文教学的弊端，充分调动学生的主动性和能动性，突破传统看图作文对学生思维和个性发展的束缚，使学生关注生活，重视生活积累，在不断拓宽知识的前提下注意生活常识、美术、几何、电脑等学科知识的整合，不断学会学习、学会创造，个性和情感得到健康发展。另外，又将小学情境作文教学与语文新课标中综合性学习有机结合，不断激发学生写作的内在驱动力，鼓励学生动手操作、想说就说、爱说爱写、会说会写，全面提高写作能力。

二、课题的界定、理论依据

1. 课题的界定

拼图从广泛意义上指在原有资料（图片、卡片等）的基础上辅以简洁、明快的简笔画、线条纸雕画等进行再加工和想象，创作出一幅更加生动形象的图画作品。拼图想象作文就是运用现代教育思想和教育理论，以信息技术为载体，结合学生的生活实际，在动手实践过程中充分调动积极性，发挥想象，不断提高写作水平并有机融合的新型作文模式。

2. 课题的理论依据

（1）《语文新课程标准》中所规定的培养目标是为学生提供广阔的写作空间，减少束缚，珍视个人的独特感受和真情实感。

（2）认知规律。学生的知觉特性具有“联觉现象”（眼前同时浮现出色、光、形等）的特点。

（3）脑认知模块论。人通过多种感觉器官接受外部世界的信息：视觉占60%，听觉占30%，触觉、味觉、嗅觉共占10%。

三、课题研究内容及目标

1. 研究内容

（1）教给学生创作拼图的技巧和方法，鼓励学生在生活中注意收集相关图形、符号、图标等，不断培养学生的观察能力、分析能力和信息处理能力。

（2）指导学生从构思内容入手，对图形不断进行整合创新，激发想象力，形成生动的硬件、软件材料。

（3）以学生为本，突破传统看图作文对学生个性的束缚，将口头语言与书面语言紧密结合。

（4）鼓励学生个性化的创作形式和写作内容。

（5）对学生作文进行开放式的新型评价。

2. 课题研究目标

（1）以学生为本，尊重学生的主动性和能动性，不断培养学生的观察力、想象力、认知能力和审美能力等。

（2）在动手操作拼图的过程中不断激发学生丰富的想象力，不断提高其写作能力。

（3）将生活中的常识图标、交通示意图等与学习有机融为一体，拓宽知识面。

（4）将写作与美术、几何、自然科学、广告学等边缘学科融为一体，夯实学生的学习基础。

（5）总结并形成拼图想象作文教学研究的基本理论和模式。

四、实验原则

1. 主体性原则

体现学生主体在前的教学精神，最大限度激发学生的学习热情。

2. 合作性原则

写作的过程不仅是学生张扬个性的过程，还应体现生生合作、师生合作。

3. 广泛性原则

从课堂、校园向家庭、社区、社会延伸，注重与自然、生活、社会的融合。

在拼图想象作文训练中不断促进学生多元智能的发展

广东省惠州市第十一小学 任 萍

多元智能理论是由美国哈佛大学心理学教授霍华德·加德纳提出的，包括语言智能、数理逻辑智能、音乐智能、空间智能、肢体运动智能、人际关系智能、自省智能、自然观察智能等。多元理论的产生基于这样一个事实：我们的世界丰富多彩而非一元世界，问题形形色色，方法并不单一，最重要的是处理问题的人潜能多面，难以同时呈现。加德纳指出："对于一个孩子的教育发展，最重要、最有用的教育方法是帮助他寻找到他的才能可以尽情施展的地方。在那里，他可以满意而能干。"

《语文新课程标准》强调指出，要让学生在作文中"结合自己的亲身经历，写出具有真情实感的文章"，并且"鼓励学生自由表达和有创意地表达"，"突出学生个性的健康发展，提供适合学生个性、全面发展的教育服务，激发学生开发潜能，发展多元智能"。语文的课程资源是学生和生活，语文的外延是生活的全部。生活储藏了语文的矿藏，同时也是语文施展才华的地方。语文与其他学科的差异在于运用时获得的成就感，语文的智慧不是轻易展现的。所以，语文教学应以生活为模板，让学生在生活之中发现语文知识，创作出高于生活的作品。

众所周知，著名教育家陶行知主张创造性的生活教育，提倡学生头脑解放、手脚解放、身体解放、感官解放。他认为，创造的本质在于活泼的生命，在于活生生的愿望，在于火一样的热情，在于探究的兴趣。创造来源于生命的活力，来源于生命本身。对于小学生来说，拼图既是一种现代益智的娱乐活动，又是他们实现对生活认知和创造的有效途径，同时也是学生乐于表达的一种活动方式。如何将“我手画（拼）我心”与“我手写我心”进行有机整合？笔者以“拼图形——剪图画——动手贴——巧手画——讲技巧——议方法——说创意——评嘉奖”为主要活动形式，在鼓励自由表达与创意表达的同时让学生的写作分层递进，实现快乐起飞。

一、调动多元智能，大胆拼图形

目前，作文成人化、文学化的现象冲击并阻碍着学生作文个性的发展，而采用本教学实践可以适应小学生的年龄特点以及心理发展和认识思维的规律。小学生大多处于6至12岁的年龄段，认识事物的规律是从形象到抽象、从感性到理性、从低级到高级的。在教学实践中，应激发学生动手操作，根据自己的兴趣、爱好将玩具中的拼装板块、数学中的七巧板、简单的几何图形，以及生活中的各种示意图、指示图、徽标、广告画等进行不断组合、想象、创意加工。当一幅幅生动形象的画面呈现在学生面前，每一幅画面背后都有一个生动的故事。这样就水到渠成地架起了桥梁、唤起了思维、丰富了想象，进而促使他们在写作时在头脑中筛选、组合、深化和发展，帮助学生获得作文素材、理清条理、激发情感，促使其有物、有序、有情地写作。例如，教师在黑板上画了一个圆，组织学生发挥想象，写下自己看着圆想到的事物并进行交流。在教师的启发下，学生的想象五花八门，纷纷举手汇报自己写的事物：太阳、正月十五的月亮、乒乓球、零、张大的嘴、头、眼镜、镜子、西瓜、苹果、足球、篮球、排球、游泳圈、弹珠、煎蛋、鸡蛋、饼、句号、星球、车轮、瓶盖、青蛙的卵、月饼……在交流的过程中，全班学生不时露出惊讶、喜悦的表情，学习状态轻松而愉快。

二、调动多元智能，认真剪图画

生活中，多元信息文化给学生提供了广阔的学习空间，极大地激发了学生的想象力。尤其是各种报纸、杂志、书籍中精美的图画、图片、文字等，更为学生写作铺就了一条新的道路。“剪剪”就是指把精选的图画、图片、文字等材料剪下来，并按一定顺序贴在空白处，对学生有序写作能起到一定的作用。如教学描写一处建筑物，用剪贴的方式把游览过的××大桥再现在黑板上，先贴“引桥”，再贴“正桥”，最后贴“凭栏远眺”。在指导学生写“正桥”部分时，按整体到局部的顺序，边说边贴，依次图示“空中环形桥梁、宽阔桥面、运河流水”。在“议一议”时，让学生看着图按一定的观察顺序说出形状、颜色、特点，恰当运用比喻，如“大桥犹如一条巨龙横跨在大运河两岸”“彩虹似的桥梁高挂在半空”“大运河像一条白绸带飘过桥底，飘向远方”……结果，大多学生写得轻松、具体、有序。

剪贴画可用于状物类作文，也可用于记事类作文。如在指导作文《救救青蛙》时，贴画了“天热、一元钱、青蛙”这三个图文相关的事物，引出“事情的起因——天热，我要了一元钱买冷饮；经过——发现青蛙，买青蛙放掉；结果——没吃到冷饮，但受到妈妈夸奖”。学生理清层次，活跃思维，有序表达，较好地达到了记事的目的。而且剪贴画对学生来说信手拈来，轻快便捷，既提供了写作的舞台，又保护了学生的好奇心和自信心，促进其绘画和写作能力的发展，实现了“1＋1>2”的效果。作文和编辑的成功满足了小学生的需要，并使其真切地体会到成功的快乐。

三、调动多元智能，勤于动手贴

在恰当地“贴贴”的过程中，学生由看图到贴图再到构图写文章，看似简简单单的三个步骤，可对于学生来说却是思维一次又一次的飞跃。例如，奥运圣火在惠州传递时，笔者在指导《我为奥运______》写作时，先让学生查找图片资料、剪贴画资料（奥运五环、徽标、国旗、喜欢的体育项目和难忘的运动员等），然后欣赏奥运歌曲，感受奥运场上激动人心的场面，交流奥运知识资料，最后再讨论“奥运在中国举办有什么划时代的意义”。整节课学生面对剪贴画的直观场面和歌声融合的情境，写作的欲望一次次被激发，他们的认识一次次得到提高。一节课下来，连平时那些不太爱说话、语文能力稍差的学生在激昂的音乐流淌间、在浓浓的奥运氛围中，也能将自己对奥运的认识和感受用文字去“画”，而且“画”得很好。这一切正如布鲁姆所说，学生在接受提问思考的过程中交替地攀登两个梯子，一个梯子代表认知行为和认知目标，另一个梯子代表情感和情感目标……通过交替攀登这两个梯子，就可以达到某些复杂的目的。这种作文教学方式正是使学生登上两个梯子，使学生的构图作文过程不只是单一的思维过程，而是伴有丰富的情感体验的认知过程，是情知统一的思维提高的过程。而笔者认为，一堂具有形象性、启发性、情知性特点的作文课，对于学生写作能力的提高会有很大帮助。

四、调动多元智能，熟练巧手画

古往今来，诸多文学家都遵循这样一句话："诗中有画，画中有诗，诗画本一家。"的确，"脑中有画，笔下方有文，画文本一体"。《语文课程标准》指出，要让学生在写作中放开思维，鼓励学生自由表达和有创意地表达。在表达的主题上，学生把自己耳闻目睹且感触最深的景物、人、事用画的形式表现出来。因学生的经历和关注的生活场景不同。所画的内容也不同，即使画的内容相似，所要表达的主题也不尽相同；在描画方式上，学生可以自画自写、你画我写、一画多写、合作写文章；在叙述方式上，可以把画的内容具体描述，也可以夹叙夹议，或只写由画产生的真情实感，等等。学生写作时内容自选、题目自拟，而且体裁不拘、字数不限，自由描画和自主表达的空间十分广阔，他们的创作个性得到了最突出的显现和张扬。

"画画写话"与看图写话的形式相同，却是一种再创造。首先这幅图是学生自己画的，整个创作过程的想法、体会、感受非常真切，他们用自己的手将神奇的童心世界描绘出来，再用自己的语言将充满幻想和想象的神奇世界表现出来。

"画画写话"的训练可以发挥学生的想象，使之不断地进行创造性写作。学生的思维多是率真而富有想象力的，他们敢于突破传统物象的模仿，创造一种属于自我个性的语言表达，而涂涂画画则是他们的最爱。想象是美术与作文的连接之桥，如何让学生踏过这座桥，走上更宽广的写作之路呢？在低年级作文教学中，笔者安排学生通过画与写两个环节的紧密对接，实现学生作文能力提高的目的。在画与写中，教师引导学生展开想象的翅膀，自由地画画，大胆地写作。在结合想象的写作之后，呈现出来的是一幅幅充满童真的绘画作品和一篇篇充满童趣的想象作文。如教学《兰兰过桥》时，笔者让学生展开独特的想象，自己当一名桥梁工程师，设计一座自己的桥。让人惊喜的是，学生的笔下创造出无比神奇的桥梁童话，如能带给人们愉悦的快乐音乐桥、灵活自如的伸缩桥、高科技含量的磁悬浮桥、让人精神焕发的信心桥……如此，学生各有各的想法与创意。然后，笔者让他们将自己的创意先画出来，再为自己设计的桥梁写个说明书或自述。同一题材，学生在想象的基础上用不同体裁进行表达，从而呈现出落英缤纷的作文精品。

除此之外，我们还可以通过添补插图、续编故事的形式充分激发学生的想象，让学生兴趣盎然，边想边画，边画边说，画后练写，有感而发，情动而辞切，完成创造性写作练习。

综上所述，写画结合能使学生的写作能力、想象力、创造力得到锻炼，更为重要的是对学生思维能力的锻炼及手、脑协调能力的锻炼。

五、调动多元智能，分层讲技巧

兴趣是影响学生学习积极性和自觉性最直接的因素，是一切活动卓有成效的先决条件。针对小学生对形象性、情节性的事物特别感兴趣的实际，可以采用以下方法：

1. 书画趣闻

趣闻故事性强，富有情节，容易满足小学生听故事的需要。笔者选择的趣闻均是书画方面的，如：古代的“神笔马良”为民除害、惩恶扬善，现代的儿童团员“一画巧救游击队员”，机智勇敢、无畏坚强；中国的“唐伯虎赛画”后不甘示弱、奋发向上，外国的“达・芬奇画蛋”勤学苦练、潜心钻研……这些趣闻，无不令小学生屏息聆听、情绪高涨，甚至跃跃欲试。

2. 日记画

人们常说，风景如诗如画。文字与绘画是抒发情怀最好的表现方式，日记画是两者完美的结合。日记画，就是以文字与画面的方式表现每日一记。开始，笔者在课上集中指导，鼓励学生课余进行练习。其内容很多，听到的、看到的、想到的、喜怒哀乐的、酸甜苦辣的都可以入画，文字可写在画里，也可写在画的下面。日记画一改以前的日记形式，活泼有趣，学生随时随地信手涂抹，愉悦身心，其效应经久不衰。我们常用“巧妇难为无米之炊”比喻小学生笔下无物、难以动笔，运用日记画这一源头活水，则有利于学生解决难题。如教学“学写表扬稿”时，请学生回忆“班里有哪些好人好事”，仅有几名学生能说出来，内容仅局限于班内的“补课”之类。笔者依次展示了三幅真实的日记画：王芳收到拾金不昧者主动交还的五十元就餐费；大扫除时，中队长带领队员帮助擦办公室；李斌帮助同学修自行车。然后引导学生按“总述——好人好事经过——表扬的意义”说写，目的明确，事情真实，学生有话可说、有米可炊，极好地达到了表扬稿的要求。

3. 人物画，指导于“无情”时

这里所讲的人物画就是把当事人某个情景中一举一动、一颦一笑的细节出神入化地画下来。人是有感情的，所画的人物也同样具有感情色彩，被赋予某种精神与风貌。教师应抓住契机，引导学生画说议写，变“无情”为“有情”，从而写出有血有肉、打动读者的作文。如教学《我心爱的××》时，笔者先让学生画出一个剪影，有的学生画包扎小豚鼠，有的学生画收到生日礼物，有的学生画浇水仙花，还有的学生画买面塑的孙悟空。接着引导学生讨论补充，丰富画面的前因后果。如对小豚鼠的“心爱”体现在哪些场景上：怎么来到我家？包扎后还做了什么？怎么想的？把一个个问题的有关情景在头脑中“过电影”。一堂课下来，全班三分之二的学生已完成写作。有的写道：“星期天的下午，我照常去给小豚鼠喂草。可当它站起来的时候，脚被旁边的小刀片划了一下，殷红的鲜血顺着脚流了出来。我一下愣住了，连忙扔下青草，抱起小豚鼠，小心翼翼地抚着它的伤口，然后直冲房间，给它擦血、涂药、包纱布。一会儿，小豚鼠静静地躺在我的怀里，那双宝石般的眼睛湿湿的，好像在说：‘小主人，谢谢你，我不疼了！’”凭借人物画作，化画为文，为再次表现情怀做了有效的铺垫。

六、调动多元智能，积极议方法

本教学研究是对多门学科资源的一种整合，在实践中首先让学生在思想上认识和理解本研究的意义。本研究是读图时代的体现，是社会多元信息文化的需要，是以文衬图、以图配文，从而完成图文合一的意义建构。本研究加强了小学生的逻辑思维和形象思维，提高了他们的语言表达能力和美术造型能力。

其次，让学生欣赏一些优秀的文学著作和语文课本中的优秀插图以及优秀的美术作文作业，了解这些作品与画如何搭配、如何相连。在布置学生作文时，要求他们寻求作文意境表现画面，并且明确美术作文图文结合的格式和绘画的表现形式。图文结合的格式分为三种：文字在中间，绘画在两边；绘画在中间，文字在两边；也有几行文字与画面相间隔的。绘画的表现形式有线描画、黑白装饰画、彩色水笔画、蜡笔画等。当学生对绘画作文的意境、构思、图文结合格式、绘画表现形式基本明确以后，便开始撰写作文，选择作文的主题、题材，找出作文意境与画面以及图文结合的格式，采用合适的绘画表现形式。

最后，在训练中，可采用课堂讨论的形式，重点对作文配图的创作意境、表现方法等进行讨论，发挥学生学习过程中的主动性，直至完成文与图相配的课堂练习。

七、调动多元智能，大胆说创意

众所周知，课本是语文学习的重要材料之一。在进行本作文教学研究时，可以立足教材本源，深入挖掘教材中学生的兴趣点和兴奋点，启发思维，进行创造性写作。

1. 深挖教材，延伸性写作

本学期，在学完课文《卖火柴的小女孩》后，笔者发现学生对小女孩的悲惨遭遇深表同情，对当时黑暗的社会制度充满了憎恨，对今天自己拥有的幸福生活倍感珍惜。于是，笔者巧妙地利用了教材中的文本留白，启发和引导学生："假如卖火柴的小女孩来到我们班，大家会怎样？你想给她写封信吗？她和奶奶在一起又会怎样？……如果课文还有第三、第四张插图，那会画些什么，写些什么呢？今天，老师请你们当编书的小作家，开动脑筋，一起想一想、画一画、写一写。"由于这是学生感兴趣的问题，因此他们各有各的想法，各有各的见解，最终形成的作文也各具特色。再如，在学习以"秋天来了"为主题的语文与思品课程中，笔者将两者进行合理整合，让学生先观察体验，然后进行作画、作文。在学生畅所欲言、动手创作的过程中，以"童眼看秋天，秋天大不同"为主题，学生写出了不同体裁、不同内容的文章。结合学生的兴趣和积极的个性情感体验，由想到说，由说到画，再由画到写，形成梯度，由扶到放，消除畏难情绪，让作文快乐起飞，学生的习作难度也就降低了。

2. 按图索骥，主动性写作

按图索骥最重要的是读懂图意。对于低年级的学生来说，这也是练习他们细致观察和理解能力的有效手段之一。通过观察图片，让学生学会观察，学会理解图意。对于提供的图片，教师应有一定的选择性和指向性。从看图中训练表达，训练学生的用词用句，强化语言的思维逻辑能力，由句到段，连句成段。在看图指导中，教师要引导学生养成认真细致、按一定顺序观察的习惯。因为只有有序观察，才能形成有序的表达，从而规范学生的语言思维。表达时可按空间、时间的顺序进行，也可由远及近、由上及下、由主及次，还可以按事件发展的顺序进行观察想象，引导学生进行合理性的联想及前因后果的想象。

例1：在讨论看到“○”所联想到的内容后，有学生写到：“‘○’是快乐的。小时候，我喜欢吹肥皂泡，大大小小、圆圆的肥皂泡泡满天飞，好像一个个顽皮的小精灵在天空玩耍！现在，我喜欢抱着圆圆的篮球在操场上和同学们你追我赶地打比赛，每一次投中我们都会高兴地欢呼。我更喜欢考试试卷上的‘100’分，当那两个小小的圆并排躺在我的试卷上，我心里比吃了蜜还甜。‘○’，给我带来了欢笑和喜悦！”

例2：还有学生将“○”想象成太阳，写出了下面的内容：“阳光滋养着地球上的生命。没有太阳，人类既不可能生产劳作，也不可能生存繁衍。然而，太阳是靠燃烧自己才发出光和热的，这种牺牲和奉献的精神多么像大地上一个个默默工作的劳动者啊！正是他们的无私奉献，社会才不断发展。虽然他们不似太阳那般辉煌，不似太阳那般受人赞美和尊崇，但他们胜似太阳！”

不过，学生个体的能力也是有差异的，要想让班里的学生人人跟得上，就必须注意到兼顾差异的原则。教师可以让表达能力强的学生先说，可指名说、小组说、同桌说，再大面积练说。学生在交流中相互触发各自的灵感，从而有主动想说、想写的愿望。教师进而鼓励创造，赏识个性化的创意表达，激发学生主动写作的欲望和需求。

八、调动多元智能，中肯评嘉奖

1. 批改激励

关注学生的点滴进步，发现其闪光点、成功处，可以及时在眉批、总批等栏目中相机画上大拇指（真棒）、五角星（与众不同、有新意）、圆圆笑脸（写得妙、读了真高兴）等图案。小学生相互分享阅读体会，甚至大胆模仿和创造，能够起到“引得渔郎问迷津”的效果。

2. 编辑激励

鼓励学生编辑学习园地、手写报、作文集，让他们既当文字编辑又当美术编辑，感受成功的喜悦。如作文集，期初教师提出目标：“认真作文，爱护本子，编辑自己的作文集。”平时，内页按“目录——作文——评语”篇篇推进。期末时，在外页画上喜爱的封面，写上书名、出版社，在书前或书后写上“前言”或“编后语”。至此，一本新作就呈现在大家眼前了。“童年出版社”的《诗意的童年》、“希望出版社”的《花季》、“二十一世纪出版社”的《星星》、“和平出版社”的《白猫警长》……翻开前言，有的这样写道：“我用双手捧起一束鲜花，献给我敬爱的父母、老师和同学。它虽然有些稚嫩，却是用真情采撷编织的。它永不枯萎，永远珍藏在我金色的童年，并散发着阵阵诗意的清香。”

总之，本教学研究对多种学科资源与写作进行尝试性整合。通过训练，不仅能使学生的绘画能力得到提高，让学生的作文过程变得轻松愉快，有话可说、有话可写，而且激活了他们的创新思维，激发了他们的表达欲望，净化了他们的心灵，提高了他们的综合素质，为培养学生多元智能的发展摸索出一条行之有效的道路。

给学生的作文插上想象的翅膀

广东省惠州市第十一小学　任　萍

在对学生进行写作训练时，如果能够使学生掌握一定的想象的方法，进行行之有效的系统训练，那么不仅可以给学生的作文插上想象的翅膀，写出具有真情实感、富有个性和文采的文章，而且可以极大地激发学生想象力和创造力的发展，从而为不断充实学生的精神世界奠定基础。

在作文教学中，培养学生的想象力是《语文课程标准》提出的一项新要求："在发展语言能力的同时发展思维能力，激发想象力和创造潜能。""写作是运用语言文字进行表达和交流的重要方式，也是认识世界、认识自我、进行创造性表述的过程。"其中特别阐明了写作教学的重要策略是"激发学生展开想象和幻想，鼓励学生写想象中的事物"。

心理学家认为，想象是头脑中对已有形象进行加工，制作成新的形象的过程。想象分为再造想象和创造想象，一切文学创作、科学发明和技术革新都离不开创造想象。

目前，中小学生的作文模式化现象非常严重。而造成这种现象的一个重要原因是学生缺少想象力，特别是缺乏创造想象力。

想象与写作犹如树与根、水与源之密不可分的关系。想象是一种艺术的思维能力，生活中看来平淡无奇的面貌会因想象而充满绚丽的色彩，看来千篇一律的形状会因为想象而显得变幻莫测。缺乏想象的大脑是干涸的大脑，没有想象的写作是枯涩的作品。因此，教师在作文教学过程中更应加强对学生想象创新能力的训练。

一、设置情境——想象训练的兴趣

在教学中，教师可以训练学生根据事物的相似性进行想象，如在黑板上画一滴水，让学生据“水滴”展开想象。首先，从想象的角度进行训练，即让学生从“听觉”开始训练，然后依次按照“视觉、味觉、嗅觉、触觉”进行想象，答案可以是圆纽扣、球、物体向下坠的形态等。其次，还可以根据学生的爱好，启发学生大胆想象。如爱好美术的学生，可让他们围绕色彩、几何图形等进行想象；爱好音乐的学生，可让他们根据琴声、虫声、风声、水声展开想象。此外，还可以不断拓展想象的广度和深度，围绕这些问题展开讨论：什么液体？自来水、雨水、汗水、露珠、泪滴、血液、墨汁、果汁、牛奶等。滴到哪里？碗里、水槽里、石头上、池塘里、宝剑上等。周围的环境怎样？池塘、稻田、沼泽、瀑布、草丛等。为什么会有声音？有人在哭泣，雪融化了，墨汁瓶漏了，果汁滴进牛奶里了，等等。在教师的循循善诱下，变求同思维为发散思维，学生就能触类旁通了。

二、活用教材——想象训练的基础

凡是选入小学教材中的作品，都是文质兼美、选材构思等均体现作者丰富想象力的作品，为我们提供了展开想象的广阔天地。在教学中，教师应引导学生认真欣赏、学习，在课文学习中展开想象。

例如，在教学《走遍天下书为侣》一课后，学生不仅明白了博览群书的重要性，而且积累了许多关于“读书”的格言警句。随后在当天的作业中，笔者让学生根据课文内容自由创作诗歌，有学生写道：“一本书就是一只鸟，一页一页就是一根一根的羽毛。鸟儿栖息在巢里，谁能细细地数一数它的羽毛，谁就能生出一对会飞的翅膀。”这多么美好，多么富有诗意啊！

三、多角度写作——想象训练的开端

学生学习了一定量的课文后，应把学到的思维方法运用到写作实践中去，提高自己的想象力。这时，教师应遵循由浅到深的原则，让学生从仿写、改写、续写、扩写等形式开始练习，既降低了写作的难度，还培养了学生的写作兴趣。

1. 仿写

例如，在学习丰子恺的《手指》一课后，学生对课文的内容和中心都有了明确的了解。为了进一步学习作者幽默风趣的语言并对课文内容留下深刻的印象，笔者指导学生进行仿写。经过一番激烈讨论，学生在仿写时定下的题目有《五官争宠》《“硝烟弥漫”的厨房》《锅碗瓢盆进行曲》《“不和谐”的琴声》《文具盒的争吵》《标点符号的争吵》《数字王国的争吵》等。

2. 改写（内容、形式）

例如，在学习朱自清的《匆匆》一课后，笔者指导学生用自己的只言片语将文中的哲理表述出来。有的学生写道：“有个淘气包，把时间切了一刀，切成白天和黑夜，像黑白两个大蛋糕。太阳是白蛋糕的蛋黄，我猜想它的营养价值一定很高；月亮是黑蛋糕的果仁，我猜想它的味道一定又香又甜。”

例如，在指导学生描写秋天的风景时，有的学生会写简单的诗歌——《蝉》：“秋天来了，秋风呼号。一只蝉儿冻死在树梢，只怪它天冷了还不穿衣服。瞧，那衣服还在树杈上放着。”

3. 续写

例如，在学习《小木偶的故事》一课后，学生明白了“在生活中，只有笑是不行的，必须用真情，用不同的方式去体验生活、感受生活，才能发现生活中的真善美”的道理。随后，笔者让学生根据课文中心，围绕“在小木偶身上后来又会发生什么事”续写。没想到，学生想象的闸门一旦打开，表现出来的能力、个性等令人欣喜不已。

4. 扩写

例如，在学习李白的《赠汪伦》一诗后，学生不仅对本诗写作的背景、故事和表达的朋友间的情谊留下了深刻的印象，而且对课件中呈现出来的生动形象的画面、空灵而有余味的情谊留下了无穷遐想和自由驰骋的空间。于是，学生运用自己的生活体验，想象李白与汪伦依依惜别的场景，通过字里行间品味诗人的情感，写出的作文别有情趣。有的学生抓住“桃花盛开”“歌声”和“河堤杨柳”来描绘春天的迷人风光；有的学生抓住送别的动作、语言等来表现他们的生活情趣。

多角度的想象训练形式既加深了学生对所学课文中心的深刻印象，又通过新形式的训练使课文内容得到拓展、延伸，升华了中心，给想象插上了翅膀，学生的想象能力得到极大提高，可谓“一石数鸟”。

四、系列专题集中训练——想象训练深入

通过多角度的想象训练，学生的想象力得到了发展。但若要学生想得更深入、更广，还必须进行专题训练，多出一些作文题，运用逆向思维或发散思维的方式进行写作实践，以训练学生的想象力。例如，在学完《只有一个地球》一课后，为了激发学生从我做起、从身边的小事做起，保护环境，爱护地球，笔者让学生围绕中心，自由选材，写一篇保护环境的文章。由于学生对本文有切身的感受和生活体验，对未来有无限的遐想，因此在写作中采用了多种文体进行练习，收效甚好。有的学生写了书信《给地球母亲的一封信》《外星人给人类的一封信》《人类给地球母亲的忏悔信》，也有的学生写了剧本《法庭审判——地球》，还有的学生编写了童话故事《选美大赛——八大行星谁最美》，甚至有一部分学生写了诗歌《地球母亲的呼唤》，等等。

又如在学习四年级下册第六单元“走进田园、热爱乡村”的四篇文章后，我们围绕本单元的主题进行了系列作文《我爱家乡的______》的练习。首先让学生欣赏歌曲《童年》，激发学生对家乡的热爱之情；其次让学生分组展示家乡风景的照片，回忆儿时家乡生活的片段和趣事；最后让学生说说家乡的变化、风景名胜、民风民俗等。熟悉的音乐、亲切的画面、难忘的家乡趣事、令人回味的家乡风土人情等，都极大地激发了学生的写作欲望和想象力，学生思路各异、畅所欲言，写作的情感闸门随之打开。于是，按照学生的认知规律和思维发展的特点，笔者最终确定了写作内容的先后顺序：风景（榕树、小河、小桥、竹林、茶园、花圃、鱼塘、田野等）、水果（龙眼、荔枝、芒果、枇杷、番石榴、菠萝、香蕉等）、美食（盐焗鸡、东江酿豆腐、梅菜扣肉、三杯鸭、艾粄等）、人文历史、典故传说、特色民居、服饰、乡音、“非物质文化遗产”（客家山歌、龙门农民画等）等。在这种专题系列集中训练中，不仅学生的思维得到训练，其想象的广度、深度得到拓展，他们认识问题更加全面、客观，而且学生在搜集资料的过程中还要翻阅大量书籍，向亲朋好友了解家乡

的历史风情，参与家乡的实践活动，既锻炼了学生的想象力，又提高了写作水平。

五、学科渗透整合——想象训练的灵活

加强学科之间的整合是新课程改革的重要思想，不同的学科应相互沟通、相互渗透、相互补充、相互吸取。一直以来，作文教学仅仅是语文学科的事情，与其他学科之间缺乏必要的联系。在想象作文的训练中尝试学科渗透，可以打破长期形成的学科堡垒，体现新课程的理念，无论是对其他学科的教学还是对作文教学都相得益彰。

就小学的科学和综合实践课程而言，其中许多知识内容和语文学科是相互关联、相互渗透的。俗话说“文史不分家”，讲的就是语文学习能力、水平的高低在很大程度上取决于课外知识面的广度和深度，应“博览群书”。尤其是小学高年级的语文课本中有许多短小精悍、简洁明了的说明文，如《新型玻璃》《只有一个地球》《电脑住宅》等。这些选编入教材的说明文不仅具有一定的文学性，而且科学性强，富有创造性，科学和综合实践等教材中亦不乏类似的作品。因此，通过学科渗透，一方面可以培养学生语言的真实性、严密性和做事的持久性，另一方面可以培养学生从小具有科学的头脑，在科学中不断积累新见解，不断创新，从而为向社会输送更多的研究型人才奠定坚实的基础。

1. 结合实际，指导选题，让自然科学走进作文

教师指导选题的时候，首先要重视科学性的原则，不能选择违背自然规律的题目。同时，要注意结合学生的特长，选择学生感兴趣的题目，而且题目的范围一定要“小”，这样学生才容易把握，写深、写好的可能性比较大，例如《植物观察日记——发豆芽》《校园一角》等。

2. 指导活动过程，让自然科学走进作文

活动过程就是学生观察事物、收集材料的过程，教师要注意引导学生根据题目确定的范围有针对性地开展探究活动。观察要仔细，收集的材料要尽可能多一些，同时引导学生对材料进行分析、比较、概括后提出自己的看法。

3. 指导起草，让自然科学走进作文

起草时可以针对不同类型的题目灵活安排其结构，一般由三个部分组成。开头部分（或称“引言”）提出问题，或紧扣题目对全文内容做概括介绍；主体部分分析问题，说明观察、实验、调查、制作、设想等情况，为归纳科学的结论做准备；结尾部分（或称“结论”）解决问题，做出结论。例如，《惠州桥梁的演变》《有趣的汉字——李姓家族的变迁》等。

还可以让数学、音乐、美术、体育、英语等学科走进作文，从课内到课外，从分散到集中。多种形式的练习，使学生的想象力增强了许多，对其他学科也起到了明显的促进作用。

总之，学生身上蕴含着丰富的想象力。教师只有解放学生的手脚、头脑，善于引导开发，让学生主动参与、自主探究，才能在作文教学中更好地培养学生的想象力，使作文教学取得量与质的飞跃。

奇趣组合，看图说话、写话

广东省惠州市第十一小学 任 萍

每个学生眼中都有一个全新的世界，每个学生的心里都有许多奇妙的想法。看图说故事，让学生从描绘喜爱的图画开始，讲述自己眼中的美丽世界，表达心中的真实想法。

追溯历史，人类文明具有图画叙事的传统，文字也起源于图画，中华文明也一样。从考古发现来看，中国的长江、黄河流域都存有我们祖先留下的图画，如岩画、陶器绘制、壁画等，这些都可以看成是中国最早用图画叙述事件的记录。夏商周青铜器上的图画、秦汉时代的画像石、魏晋南北朝的墓室壁画、五代两宋的卷轴画，以及明清戏曲、小说的木版插画，都在一定程度上具有初步说故事的能力。为学生讲述这些历史知识，能够极大地激发学生无穷的想象力，甚至可以全面帮助学生建构精神，培养多元智能。

一、活动方案的背景

1. 学生语言发展的特点

3—6岁即幼儿期，是一个人词汇量增加最快的时期。语言学习是儿童主动建构的过程，是语言个性化、综合化、循序渐进、逐步积累的过程。儿童在主动模仿中学习，在言语建构和运用中学习。

幼儿期是学习语言的最佳时期，教师如果能引导小学生进行正确的讲述活动，对培养他们创造、想象和表达的能力都会有很大的帮助。在今后的教学中，笔者还要把讲述活动继续进行下去，促进学生语言能力的进一步提高。

2. 国内外专家的相关论述

教育心理学家M.B.加麦佐在《年龄与教育心理学》一书中说："教育者还要懂得，在每一个年龄期，对于最有效地发展心理的某些方面，都存在最适宜的条件。学龄前期（3—6岁）对发展儿童语言是最有利的，是敏感的年龄期。语言的发展和具有直观效能的思维的发展是这一年龄期的新构成物。"

我国伟大文学家鲁迅谈到幼儿学习语言的情况时强调："学习语言要经历的阶段是不断地吸取、记住—积累、分析、比较—理解—运用。"积累是理解的基础，理解是运用的前提，但无论是理解还是运用，都离不开积累。指导学生积累语言是启蒙教育首要的基础任务。我国当代语言学家吕叔湘说："语言教学的根本问题，一是认清教的是什么，二是认清人们学会一种语言的过程。"

3. 看图说话的重要性

看图说话是提高学生语言能力最好的教育方法。通过学生喜欢的图画、图片、连环画，让学生看图说话，锻炼的不仅是观察能力、想象能力、口头语言表达能力，更是思维和逻辑能力，这样的活动极大地激发了学生想象的空间，为创新思维能力的培养奠定坚实的基础。

4.《语文新课程标准》的要求

《义务教育语文课程标准（2011年版）》指出，小学低年级学生看图写话的要求是"对写话有兴趣，留心周围事物，写自己想说的话，写想象中的事物。在写话中乐于运用阅读和生活中学到的词语"。

学生在低年级看图写话的前提条件是先学会看图"说话"，会"说"的学生更会"写"。学生有"说"的欲望、兴趣，在"说"之前能认真观察，打开想象的空间和心灵的闸门，而且所选的图画一定要和学生的生活密切相关，这样才能做到"生活就是语文""语文就在生活之中"。

二、活动灵感创意来源

1. 传统游戏的影响

2005年，笔者曾主持市级课题《拼图想象作文教学研究》，此课题在立项时曾受中国传统游戏"七巧板"的启发，即任意组合变换，结果完全不同。

2. 漫画作文教学创新

在中高年级的漫画作文教学中，有单幅、多幅和连环画。尤其是在多幅和连环画的写作中，个别学生因把图画顺序颠倒，虽写出来的文章和教师的要求不一致，但也有个性，能自圆其说。那么，何不“将错就错”？这也是一个新的教学改革之举。

3.“桌牌”游戏

学生课间玩“桌牌”游戏时，每人手中都有一沓卡片，可以根据需要在不同场合变换不同组合，花样多变，层出不穷。如果将“看图说话”的几张图片打乱顺序，自由排列组合，不就可以写出不同的文章吗？

4. 源自小时候玩的万花筒玩具

万花筒内有一定数量的彩色玻璃碎片，这些碎片的数量和质量是不变的，但只要转动万花筒，使碎片发生新的组合，就会变换出无穷多的新图案和新花样，其突出的特点是具有很强的创造性、说明性和组合性。

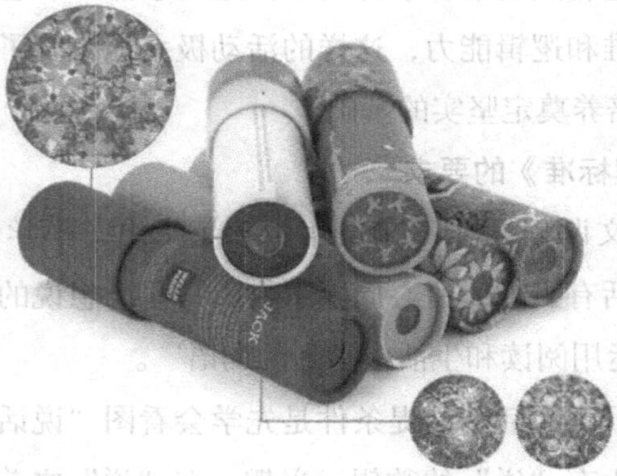

万花筒玩具

5. 便条贴

在工作中，大家有时会用到便条贴。有的便条贴是单张的，有的便条贴分割成几部分。如果把便条贴的形式变成漫画贴会怎样呢？可以是单张的图片，按照不同的颜色归类；也可以按便条贴的颜色归类，将几类图片组合成一本连环画；还可以是几张图片组合成一大张。

6. 活页本

在工作中，大家还会用到活页本，它最大的好处是灵活、方便，可以随意增添删减，也可以自由组合。活页本采用活页的形式进行单本、组合本（2本、3本、4本）、前后、上下自由组合，既方便外出携带，又便于归类学习、整体学习，可以最大限度地激发学生无穷的想象力。

三、活动方案创新点和科学原理

1. 创新点

（1）图画、图片、连环画是学生语言最好的启蒙工具，是逻辑思维能力训练的良好载体。

（2）口头语言训练是作文启蒙阶段的必经之路。展示简单有趣的图片，让学生敢说、会说，能够锻炼学生的口头表达能力，为写作打好基础。

（3）学生是在活动当中成长的，活动的最大特点是需要动手操作、敢于尝试、亲身体验，激发了学生的学习兴趣。

（4）学生喜欢新奇的、富有挑战性的探索活动。在图片的自由组合之后，探索活动的内容变化多样，形式不断翻新，令人感到乐趣无穷。

（5）亲子互动，其乐融融。家长与孩子互动玩耍，在一问一答中加深了亲子感情。

（6）促进想象，培养学生观察、想象、推理、专注、记忆、表达等多种逻辑思维的发展。

2. 基本科学原理

（1）遵循学生的身心发育规律和认知发展规律，促使学生在活动、体验中感知生活、探索世界。

（2）运用科学的原理，教会学生学会观察，激发想象力，不断建立完善的多元智能体系。

（3）充分运用数学中排列、组合、概率的原理进行自由重组。例如，按颜色归类，每一类30张图片，4类合计120张图片。可以从喜欢的图片中任意抽取1张、2张、3张……30张，进行排列组合，不考虑排序，变化无穷，其乐无穷。

（4）运用建构主义学习原理，促进学生充分发展个性。建构主义主张世界是客观存在的，但是对事物的理解却是由每个人自己决定的。不同的学生因原有经验不同，对同一事物会有不同理解。建构主义学习理论认为："学习是引导学生从原有经验出发，生长（建构）起新的经验。"学生根据自己的生活经验，在一张张图片的排列组合中建构独特、个性化、新的图片或连环画，不断想象、创造，进而深度思考，然后用口头语言表达出来。

四、制作过程

（1）查找资料，了解连环画的相关资料。

（2）图片制作材料：4种颜色的彩色打印纸、马尾夹、活页本、双面胶等。

（3）图片内容：按照学生对生活、世界的认知进行图片设计并归类，包括学生喜爱的中外卡通人物、生活场景、生活用品以及熟悉的动植物等，每一类30张，4类合计120张图片。

（4）图片内容的构思目的是逐步培养学生口头语言的发展，并为过渡到小学低年级的书面语言发展做准备。了解"叙事场景"简单的"六要素"：时间、地点、人物、事件、起因、结果。

（5）将彩色图片裁剪成扑克牌大小，并按颜色归类打孔装订，或用夹子夹住。4类彩色图片可以按照顺序，亦可打乱顺序，用活页圈装订成册，也可将一类图片单独拆下，随身携带，随时学习，方便灵活。

五、使用方法

1. 人数不限

一人玩耍、多人玩耍均可。

2. 看图想象

可以对任意1张图片进行想象，也可以2张、3张、30张、60张、90张、120张任意组合想象。1—3岁可以在家长的指导下进行认知想象，3—8岁可以在家长的指导下认知想象、口头表达，8—10岁可以想象记忆。

3. 看图讲述

家长指导、教会学生认真观察画面，知道简单的观察方法和观察顺序。

4. 看图编故事

家长指导4岁以上的孩子想象编故事，用循序渐进的提问引导。从单张图片到多张图片，根据学生的认知接受程度逐级进行梯度训练，方法是“六要素”，即时间、地点、人物、事件、起因、结果，或“5W+1H”法，即“When、Where、Who、What、Why、How”。

六、有待改进之处

（1）图片的材质最好用卡纸（扑克牌的材料），不易折损，方便保管携带。

（2）在图片的画面制作方面，可以从网络上精选图片进行组合，若有专业的美术团队统一创作则更好。

（3）在纸张的印刷、包装等方面，需要专业生产厂家制作完成。

（4）此产品可以根据学生的年龄开发出一系列升级产品，老少皆宜，其乐无穷。

七、国内外参考资料

国内外参考资料

八、获奖作品示例

获奖作品示例

第四章

同步作文拓展研究

4

小学同步作文拓展训练模式探究

广东省惠州市第十一小学　任 萍

一、课题的提出

1. 课题的提出背景

《新课程标准》坚持以学生发展为本，从学生发展的角度，科学地强调了“写作”“写作能力”“写作教学”的内涵与要点。写作是运用语言文字进行表达和交流的重要方式，是认识世界、认识自我、创造性表述的过程，是生存与发展的重要能力和方式。书面的表达和交流是非常重要的一种方式，写作者通过书面的语言文字交流，表达自己对世界的理解与看法，深化对世界的认识、对自我的认识。因此，写作的过程是认识世界、认识自我的过程，是自我发展的过程，是一项充满创造性、复杂性的精神劳动。

写作能力是人的语文素养的重要组成部分，是语文素养的综合体现。要注重作文与做人的关系，注重写作教学与阅读教学、口语交际教学、综合性学习之间的关系，应多从写作去考察评价一个人的语文素养。写作教学应贴近学生实际，让学生易于动笔、乐于表达，应引导学生关注现实、热爱生活、积极向上，表达真情实感。“回归自然”是作文教学追求的境界。学生的生活空间有多大，作文的领域就有多广。若不善于观察生活，写作就变成了“无本之木”“无水之源”。同时，还要不断降低写作的门槛，让学生“易于动笔、乐于表达”，逐步打好写作的基础。不要操之过急，降低他们的写作兴趣，削弱他们对母语的感情。要遵循学生语言发展的规律，循序渐进，不要盲目“提前”。

《新课程标准》还强调："要求学生说真话、实话、心里话，不说假话、空话、套话，并且抵制抄袭行为。"写作教学要重视文风问题，引导学生抵制恶劣文风的影响。这既是作文的基本要求，也是做人的基本要求。教师要特别注重学生的自主写作与自由表达。写作是创造性的活动，教师要为学生的自主写作与自由表达创设有利条件和广阔空间，减少对学生写作的束缚，解放学生的心灵，让他们放开手脚，表达真情实感。特别是在初学写作的时候，不要用过多的条条框框束缚他们，致使他们对写作望而生畏。要鼓励学生自由表达和有创意的表达，鼓励学生写想象中的事物。要呵护童心、童趣、童真，不要总是用各种规范去束缚他们，不要用成人的眼光去挑剔他们。要提倡平时多练笔，有感而发、有感即发，不要总是在作文课上应命而作。要改进命题作文方式，贴近实际，让学生有话可说，避免说假话、空话、套话。要通过命题引导学生写作，命题之时要注意留有空间，让学生自主拟题、自主选题，这才是好的做法。

《新课程标准》还强调，应重视学生写作的过程与实践。写作教学要重视对学生写作过程的指导，重视指导学生在实践中学会写作。让学生通过写作实践学会取材、立意、构思、起草、加工、修改，这也是学生听说读写的实践。教师要善于对学生的习作进行恰当的指导、点拨、修改，这样对于提升学生的写作能力效果会更好。

当前，作文教学中师生出现的问题较多。为了改变目前作文教学的现状，不断激发学生学习语文和写作的兴趣，应加强语言积累，真正树立"大语文观"的理念。本课题运用现代教育理论，遵循新课标的理念，对走出作文教学的困境做了积极探索。

2. 国内外研究的现状与趋势

关于作文教学，著名教育家叶圣陶特别强调生活的积累，他曾经说："生活就如泉水，文章就如溪水，泉源丰盛而不停歇，溪水自然活泼长流。""作文教学的最终目的应为自能作文，不待教师改，教师之训练必做到这一点，乃为教学之成功。"

美国教育家科勒斯涅克说："语言学习的外延与生活的外延相关。"我国宋代思想家朱熹写道："问渠那得清如许？为有源头活水来。"日本专家芦田惠之助与小砂丘忠之也强调，写作要从形式训练中解放出来，写作的过程就是塑造自我的过程，要把“人”放在写作的核心地位。

浙江省诸城市舜王街道舜王小学丁术国老师的课题《以小课题研究为载体培养学生的科技创新能力》，其目的在于引导学生改变学习方式，通过自主性、探究性的学习和实践，获取多种直接经验，掌握基本的科学方法，提高综合运用所学知识解决实际问题的能力。但是，该课题在和作文教学相互结合、渗透方面有一定欠缺，只强调了活动的多样性和语文的综合性学习，却忽略了写作的指导性。情境作文忽视了学生的综合性学习和学科资源的整合，对拓宽学生的视野、提高学习的综合实践能力有一定的束缚。湖北省荆门市东宝区的课题《小学作文TV教学研究》和深圳市宝安区的课题《网络环境下小学情境作文》，其目的都是运用现代化多媒体网络技术，设计制作系列“作文TV”课件，探索一条大面积提高小学生作文水平的新思路。广西百色逸夫小学的课题《听音想象作文》将有声语言引进作文教学中，用有趣的声音刺激学生的感官，激发学生的想象能力，却忽视了学生的个体差异性。

纵观国内外相关课题的研究，关于“同步”的研究多局限于“阅读”，如各大权威出版社和著名高等院校联合出版的《语文新天地》《语文新读本》《新人文读本》《新科学读本》和吉林出版集团有限公司出版的《小学语文课文同步拓展阅读》等，其编写体例与教材同步，选文精美，但是在语文教学中对写作的探究则有所局限。本课题立足学生的身心发育特点，结合语文教材，遵循学生的认知规律，在引导学生关注生活、关注社会的同时进行大量的语言训练，不断提高语文综合素养，树立正确的人生观、价值观和世界观。

在近20年的语文教学研究中，笔者通过主持“造段创新作文研究”“拼图想象作文研究”“青少年科技小论文指导研究”等课题，在作文教学中不断尝试探索，结合一线教学的实例和各版本《同步阅读》的研究，探索出作文教学的新路子。本课题具有很高的研究价值，转化为成果后，将对小学语文教学起到一定的推动作用。

二、课题的界定、理论依据

1. 课题的界定

本课题是将作文训练与教材课文、教材作文、学生身心发育特点、生活实际和人文精神相结合，并与之同步探究作文拓展训练新模式，凸显了《语文新课程标准》修订后的理念，拓宽了“大语文观”的学习途径，强调了“读写相结合、课内外相结合、理论实践相结合、作文与做人相结合”，为提高学生的语文综合素养和培养具有高尚人文精神的人才做出了大胆的探索，树立了更加科学的人才观、人生观和价值观。

2. 课题的理论依据

（1）《语文新课程标准》的培养目标是为学生提供广阔的写作空间，减少束缚，珍视个人的独特感受和真情实感。

（2）美国教育家霍华德 · 加德纳的多元智能理论指出，智力是在某种社会和文化环境的价值标准下，个体以解决自己遇到的真正难题或生产有效产品所需要的能力，主要是指视觉—空间智能、言语—语言智能、交流—交际智能和自知。

（3）微型实践即一种构成社会生活基础的社会过程，对理论的建构具有重要的启示意义。社会学家米歇尔 · 德塞图的日常生活实践分析理论强调，要进入日常生活实践的场域之中分析和建构理论，而不是像站在高楼上俯瞰街上的行人那样建构研究文本。

3. 课题研究的实践意义与理论价值

（1）本课题的研究既符合小学生的心理特点和认知规律，又为更好地探索作文教学的新路子做了大胆的尝试，形成了新的模式。

（2）更新了教学观念。变单一性、剖析性的作文教学为多样性、趣味性的作文教学；变封闭式的作文教学为开放式的作文教学；变重形式轻内容为坚持从内容入手，边指导边实践；变师授作文为自能作文。

（3）拓宽了学生的学习渠道，尤其是写作渠道，使读写相结合、课内外知识相结合、学习与生活相结合，增强了学生的学习兴趣，树立了“大语文观”和“语文生活化”的理念，创新了“多积累、多阅读、多写作”的学习途径。

（4）大胆探索尝试了新的作文教学模式，特别重视“五同步”，即作文训练与教材课文、教材作文、学生身心发育特点、生活实际和人文精神同步，创新了作文教学的方法、途径和模式，有很高的研究价值。

（5）为提高学生的语文综合素养和培养具有高尚人文精神的人才做出了大胆的探索，树立了更加科学的人才观、人生观和价值观。

三、课题研究内容及目标

1. 研究内容

本课题在“以人为本”和“大语文观”的理念指导下，根据学生身心发育特点，充分调动学生的主动性和能动性，重视语文学习的“三多”，即“多积累、多阅读、多写作”，重视语言的积累和实践。引导学生关注生活、关注社会，不断拓宽视野，加强各学科的整合渗透，不断探究同步作文拓展训练的方法，不断克服写作弊病，最终达到“我手写我心”的目的。

具体内容如下：

（1）课文与作文同步。加强对各年级语文教材“读写结合”的深入探讨和研究，鼓励学生在学习仿写课文的基础上，能够进行“内容、方法、文体”等的“变体写作”，即续写、改写、扩写、缩写、童话、诗歌、剧本、广告、信息等。

（2）教材作文与拓展创新同步。对教材各单元的作文进行同步拓展探究尝试，重点对教材同一主题的作文进行变体训练，进行系列写作训练尝试，不断拓展学生写作思路的广度和深度。

（3）身心发育与作文同步。根据学生的身心发育特点，进行相应的研究性、体验式写作训练。通过实验期内对实验者进行纵横对比，探究出相应的作文训练模式。

（4）生活与作文同步。引导学生关注生活、关注社会，能够逐步捕捉社会和生活中的真善美，及时用文字记录下来，及时表达和抒发对社会、对生活的心声。

（5）人文精神与作文同步。写作能力是语文素养的重要组成部分，也是语文素养的综合体现。作文就是做人，只有精神世界不断充实的人才能写出富有灵性和个性的文章，才能“我手写我心”。

（6）同步作文拓展训练模式。包括造段创新作文、拼图想象作文、主题作文、图文作文、系列作文、体验作文等。

2. 课题研究目标

（1）根据学生的年龄、生活、学识、身心特点等进行同步作文拓展训练模式的尝试和探究，对作文教学中的热点、难点、焦点问题进行探讨，寻求正确的、恰如其分的指导方法，不断提高学生的写作能力。

（2）通过开展各种作文创新教育体验、实验等活动，让学生参与到生活中来，参与到活动中来，培养师生的“大语文观”“生活与文化”“语文生活化”等观念，不断提高学生的语文素养。

四、实验原则

1. 主体性、合作性和广泛性原则

构建“大语文观”，最大限度地体现学生的主体地位，释放个性，加强合作和语文的实践性。

2. 参与性原则

创造能力、实践能力是在个体直接参与中不断形成的。

3. 指导性原则

开展各类作文体验活动，与学科课堂教学相比具有明显的开放性。

4. 过程性原则

学生具有探究的天性，如好奇、好问、好动等。活动体验教学就是要把学生引向对生活的观察、热爱和对生命的珍视，而不是“闭门造车”“模式化、程式化”的写作套路。

拓展课堂阅读空间，多角度进行作文训练

广东省惠州市第十一小学 任 萍

《语文课程新标准》倡导以读促写和读写结合，这是对语文教育传统经验的重新发现，也是对广大语文教育工作者一种积极的回应。本文旨在通过“不断拓展课堂阅读空间，进行多角度作文训练”的探究，在语文课堂教学中有力地凸显“以读促写，读写结合”这一亮点。

修订后的新课标关于“读写结合”给予了重新定位：“要重视写作教学与阅读教学、口语交际教学之间的联系，善于将读与写、说与写有机结合，相互促进。要关注作文的写作质量，使学生把作文的书写当作练笔的过程。”

新课改以来，语文教育界的许多有识之士一直都在呼唤语文教育向读写结合的传统回归。在写作问题的诸多解决方案中，许多专家不约而同地提出读写结合和以读促写的策略。如福建师范大学中文系孙绍振教授认为，当前作文教学无效、低效甚至反效的一个主要原因是文本解读与写作脱离；北京大学中文系温儒敏教授则提出作文教学的正路——读写结合，广泛阅读，适当练写；人民教育出版社崔峦研究员则强调，要读写结合、读写贯通、以读促写，不能读写分家，到作文课上才谈作文。

“不动笔墨不读书。”著名教育家叶圣陶说：“阅读的基础训练不行，写作能力是不会提高的……写作基于阅读。”他又说：“阅读与写作是一贯的，阅读得其法，阅读程度就提高了，写作程度没有不提高的。”阅读是一种吸收，写作是一种表达，吸收是表达的基础，从阅读中获取写作资源和写作技巧，在写作中表现自己的阅读积累和文化素养，可以反过来促进阅读。因此，

语文教育家刘国正告诉我们："阅读是写作的基础之一，是学生获得写作范例的唯一途径。"以读促写、读写结合是我国语文教育的传统。古代没有专门的写作教材，学习者的写作能力都是在阅读中习得的。然而，在长达半个多世纪的时间里，读写结合的思想在语文教学大纲中逐渐消失。尤其在20世纪八九十年代，读写分编成为编写语文教科书通行的做法，阅读与写作这两部分教学内容有的分编分册，有的分编合册，阅读与写作这一对语文学习中本来不可须臾分离的"孪生兄弟"变得泾渭分明。教科书编写影响课堂教学，今天上阅读课，明天上写作课，语文变成两门课程。就阅读而言，课文未能对学生的写作起到应有的示范和借鉴作用，其学习效果只发挥了一半的功能。写作教材中的陈述性知识堆积和课堂上空洞的写作理论宣讲根本无法解决学生写作素材缺乏的问题。

著名教育家叶圣陶说："阅读是吸收，写作是倾吐，倾吐能否合于法度，显然与吸收有着密切的联系。"《语文新课程标准》不仅强调在课内外阅读中进行语言和写作素材的积累，而且提倡对积累的运用。

语文教材凝聚了无数专家的智慧和心血，其中所选文章文质兼美，是最重要、最丰富的写作资源库，是读写结合、落实语言文字训练的重要内容。本文旨在通过"不断拓展课堂阅读空间，多角度进行作文训练"进行尝试，不仅极大地提高了学生的阅读理解能力，而且激发了学生的写作兴趣，收到了事半功倍的效果。

一、读读背背，不断积累语言文字

读书只有达到善读的程度，才对写作有意义。正如著名教育家叶圣陶所说："果能善读，自必深受所读书籍文章影响，不必有意模仿，而思绪与技巧才能渐有提高。"所以，阅读只有达到善读的程度，才能对学生如何运用语言文字表达思想感情具有指导意义。从阅读的认识过程分析，阅读和写作是紧密结合在一起的，阅读应该作为写作的基础，既要在读中学写，又要在写中促读。

学完《我爱故乡的杨梅》一课时，笔者引导学生在品析赏读的情况下熟读背诵此文，后来又引导学生运用阅读中学到的方法写一处景物，抓住景物的特点，按一定的顺序展开丰富的想象，表达自己真挚的思想感情。学生在熟读成诵、情感共鸣的情况下写出了一篇篇佳作，如《我爱故乡的荔枝》《我爱家乡的苹果》《我爱家乡的古桥》《我爱家乡的美食——盐焗鸡》《我爱故乡青青的小河》……

学生学习语言主要是通过对语言的感受和积累，而不是理性分析，这是由小学生的年龄和心理特点所决定的。小学生长于记忆和形象思维，让他们大量接触规范的语言文字作品，形成对语言文字丰富的感性认识，是符合小学生学习语文的心理特点的。对于许多精彩的课文及片段，尽管小学生还不能透彻地理解，还没有能力欣赏课文遣词造句、布局谋篇的独到之处，但要求他们熟读成诵并不困难。如能熟读成诵，课文的语言就会变成他们自己的语言，成为自己的储备和财富，一旦用时就能自然涌上笔端，大大提高学生运用语言的能力。朗读是激发学生阅读兴趣、促进理解、培养语感、提高审美能力的重要方式。海德格尔说："语言就是人的生命活动。"可见，只有通过朗读才能再现作品的人文想象，品味作品的人文内涵，提高学生的人文素质。也只有通过反复朗读，才能将课文的情感渗透于学生的心灵，提高学生对语言的敏锐感受。教学中要有意识地引导学生在朗读中进行词句积累，同时为学生的写作打下扎实的基础。

二、化"我"入文，不断激发学生的读写情感

学生的写作缺乏真情实感，是写作教学中出现的重要问题。所以，在低年级的语文阅读教学中，要注重化"我"入文，从而激发学生的情感，为学生今后写作中的情感激发奠定基础。学习文章，既要能"出"，即以一个旁观者的身份对之做出理性的分析；更要能"入"，即以参与者的身份和文中的人物同欣喜、共悲伤，在感情上融入，用心灵感受。这样才能从真正意义上理解和掌握课文。

例如，在教学《晏子使楚》一文时，笔者让学生设想自己是一位随行记者，可以是第三国家的记者、楚国的记者，也可以是齐国的记者，亲眼看见晏子在楚国的三次经历，将自己的感受写成一篇事件随想。一名学生以齐国记者的身份写道："春秋末期，我齐国大夫晏子在出使楚国期间，在进城门、见楚

王、赴酒席三件事情上凭借高超的斗争艺术、卓越的外交才能和强烈的爱国热忱完胜楚王，维护了我齐国的尊严，真是大快人心啊！”另一名学生以第三国记者的身份写道：“晏子，乃春秋末期齐国大夫也。吾今有幸目睹晏子以三寸不烂之舌在出使楚国期间反败为胜，使齐国不费一兵一卒便战胜了其他国家，此乃施仁义所致矣。”从学生所写的内容看，学生的确理解了课文中晏子这个人物高超的语言能力和强烈的爱国精神。

例如，在教学《桂林山水》一课时，课前笔者安排学生查阅有关桂林山水的图片或文字资料。课始，笔者播放《桂林山水》风光片，配以优美的解说，让学生走进如诗如画的桂林山水。学生受到了美的熏陶，不时发出赞叹声。这种教学方式通过情景渲染，唤起了学生阅读的欲望，激发了学生学习的兴趣，学生整体感知了文章，奠定了情感基调。课堂上，学生声情并茂地朗读，创意仿说重点段落，甚至根据课文内容创意地编写了一副对联：“漓江水静清绿，桂林山奇秀险。”横批是“桂林山水甲天下”。课后，笔者又让学生细细品味本课的写作方法，尤其是观察景物、描写景物的方法，结合自身生活经历，仿写作文《美丽的西湖》《罗浮美景天下秀》等文章，既加深了对课文的学习，激发了学生热爱大自然的思想感情，同时又做到了读写结合，深入学生的生活实际，使写作真正变成了“我口抒我心”“我手写我心”。

三、随文练笔，不断加深语言文字的内化

阅读培养和写作训练是语文教学的两大基础环节，彼此之间相互渗透、互为依托，是一种相辅相成的关系。写作水平的提升不能完全依赖于作文课，教师可以在阅读课上让学生及时地把阅读的印象、体验与感悟写下来，有思路的整理、分析和概括，这是思维训练和文字训练的好办法。这种把写作训练分散到阅读课中的方法即随文练笔，可以使学生真正做到读写结合。因为随文练笔是一种重要的语言训练，其选材角度小，内容简短，紧随阅读教学，且形式多样。在一节课内，教师没有必要教学课文中所有的语言现象，只要能根据既定的能力训练目标，在课文中精心选择几个供学生训练用的“例子”，就能对提高阅读教学起到关键的作用。

怎样选择“例子”呢？教师要根据学年教学目标和教材编排的读写训练项

目，在课文中选择具有某种规律性的语言现象（词句和段落）。这种语言现象应该是可以迁移、概括类化、举一反三的，并且要与学生的语言发展水平相适应，符合学生语言的最近发展区。这种具有规律性的语言现象就是教学所需要选择的“例子”，使学生能举一反三，练成阅读和作文的熟练技能。在课文中选择“例子”并不是一件容易的事，教师必须在潜心钻研教材、把握课文的语言特点上下一番功夫，具体方法有：

1. 抓重点词语、句式和段落，进行多角度语言训练

语文教材中的许多课文文质兼美，读写训练时可以依此模仿性练笔，即选取课文中的典型句段，如总分结构、排比句式、比喻句等，仿照其规范的语言和句式，指导学生进行仿写。通过仿写，使学生逐步掌握各种写作方法。

例如，在教学《山中访友》一课时，通过赏析重点词语，学习比喻、拟人、排比等修辞方法，使文章增添感染力。学生深切地感受到作者对山中的好朋友——古桥、树林、山泉、溪流、瀑布、悬崖、白云、落花、落叶、石头、雷雨、倦鸟等亲切诚挚的问候，把他们当作自己的至亲，一种油然而生的喜爱溢于言表。在学习完本课后，笔者让学生仿写课文重点段落“这山中的一切哪个不是我的朋友”，题目可以是“校园访友”“灿烂星河”“田园序曲”“神秘的海底世界”……没想到学生此次作业完成质量极高，许多学生都写出了生动形象、极富个性和独特感受的好文章。尤其是写《校园访友》的学生，由于找准了写作的兴奋点——重返母校（原址拆迁重建，搬到外校一年）的欣喜、好奇，文章中更是好词佳句频出，收到了意想不到的效果。例如，许多学生对学校百年古树——杧果树都有深厚的感情，练笔时把杧果树当作重点观察的对象来写，但因每个学生人生经历和阅读体验等不同，造成感受迥异，笔端亦流露出各具特色的情趣。

性格活泼、比较贪玩的学生在文章里写道：“这校园中的一切哪个不是我的好朋友？我热切地跟他们打招呼：‘你好，古老的杧果树！你那高大的身躯、婆娑的枝叶像是擎天巨伞，是为嬉戏的孩子们遮风挡雨吗？你静静地守护着校园，是想把孩子们的欢声笑语拍摄下来吗？’”性格活泼、有点小馋嘴的学生在文章中写道：“你好，高大的杧果树！你那累累的果实，黄澄澄、一串串，是为馋嘴的孩子准备的一场盛宴吗？”性格文静、学习优秀的女生在文章中写道："你好，高大的杧果树！你那累累的果实挂满枝头，是在向我们展示莘莘学子刻苦学习的成果吗？是在激励我们'学无止境''更上一层楼'吗？"性格平和、沉默寡言的女生在文章中写到："你好，古老的芒果树！你满脸沧桑，静静地守候在校园一百多年，像是饱经风霜的老人，深情地给我们这些天真可爱的孩子诉说着学校的发展、变迁……"瞧，学生的顽皮、可爱、智慧、乐观、灵动跃然纸上，真是令人欣慰和惊叹啊！

2. 抓课文中的空白点，拓展多角度的写作空间

学生的想象充满了创造色彩，也充满了灵性。想象性练笔就是抓住课文中那些高度抽象概括且与中心密切相关的词语，或是课文中的空白点，让学生展开想象，通过练笔把它还原成具体可感、触手可及的鲜明形象，以便让学生从另一个侧面深化对课文的感悟和理解。

海伦·凯勒，20世纪最伟大的人物之一，她在《假如给我三天光明》中通过想象为我们描绘了她"看"到的世界。在第一天，她将仔细打量最亲爱的老师——梅西太太，要从梅西太太的眼睛里看到"完成艰巨任务时所表现出来的温和与耐性，看见她性格的力量"；第二天，她将和黎明同时起身，去观看那把黑色变成白昼的令人惊心动魄的奇景；第三天，她将参观纽约的大街，在那里"看"到了巍峨的帝国大厦，"看"到穿着万紫千红、色彩绚丽服装的市民，"看"到公园里追逐嬉戏的儿童。她"看"到的事物太多了，可别忘了，她是一个盲、聋、哑的人，这一切都不是她看到的，而是她想象的结果。海伦生活在一个没有色彩、没有声音的世界里，但展现在她笔下的世界却有声有色，充满生命的旋律，充满诗情画意。"在春天，我怀着希望抚摸树木的枝条，想找到一个芽蕾，那是大自然在冬眠之后苏醒的第一个征兆。我感觉到花朵的美妙。如果幸运的话，在我把手轻轻地放在小树上时，还能偶然感到小鸟在枝头讴歌时引起的欢乐的颤动。小溪的清凉的水从我撒开的指间流过，使我欣慰。"读完这段文字，我们仿佛嗅到了春天的气息，这里有日光、色彩、音响，有一股浓浓的诗情。此时，我们不得不叹服作者敏锐的感受力以及细致入微描摹形象的能力和丰富的想象力。难怪人们称其作品《我生活的故事》为"20世纪初美国最有影响的作品"。

利用课文中的空白点进行想象性练笔还包括让学生补写文中省略的部分，

可以是省略号省去的部分，也可以对文章的内容进行续写。如《穷人》一文，桑娜在未经丈夫同意的前提条件下将邻居西蒙的两个遗孤抱回家抚养的段落，通过心理描写，大量使用省略号，表现了桑娜矛盾、复杂、挣扎的内心过程。抱孩子回家抚养是出于人的本能，可以看出桑娜善良、有同情心。可是未和丈夫商量擅自决定，桑娜又感到忐忑不安。学完课文后，笔者让学生将本段中出现省略号的地方加以想象性练笔，不仅加深了对课文内容的理解，还使学生深深地被主人公的精神品质所感动，还有一部分学生能够将"心理描写"的技巧运用地恰到好处呢！

学生的练笔必须建立在对课文充分理解的基础上，这就促使学生主动深入地钻研课文，有效解决了学生作文没有素材的"老大难"问题，在培养其作文意识的基础上，充分锻炼了学生的写作能力。这种练笔始终紧扣在学生理解领悟课文的基础上，保证了教学主题的统一性和教学过程的流畅性，理解运用、读写结合，可谓相得益彰。

四、单元阅读与写作训练相结合，凸显读写训练的科学性

阅读是一个过程，是理解书面语言的过程，是通过书面语言理解别人思想感情的一个过程。因此，这是一个非常复杂的心理过程。阅读的感知对象和识字中的感知对象不同，它们不是一个个单字和词，而是由连贯性的词、句子、段落组合而成的篇章。在感知语言的基础上，对阅读内容进行"感知、理解、欣赏、评价"。通过反复默读、朗读等形式，对阅读内容有初步认识。通过"分析、综合、比较、抽象、概括、推理、判断、联想"等思维过程以及"兴趣、注意、情感、意志、记忆"等心理活动过程，对阅读内容达到比较深入的理解。

以单元训练主题带动读写结合。每一个单元都有一个主题，在表达方式上有所不同。如课后小练笔，有填写空白、续写、仿写等形式。教材安排的读写练习紧扣学生生活，内容丰富，形式多样，符合学生的年龄特点，使学生想说、要说、会说。

1. 仿写训练

仿写作为小学中高年级学生作文起步时的写作教学方法，通过系统上课和

反复练习，使学生熟悉写作的基本技能，对学生掌握一般的文字表达有一定的好处，但要注意仿写时的再创造和再想象，避免一味模仿而“千人一面”。

2. 改写（内容、形式）

学习完《詹天佑》一课后，学生深深地被詹天佑的爱国精神和杰出的创造才能所感动。教师在课堂上播放成龙的《真心英雄》和刘德华的《中国人》等歌曲时，学生的情感被激发，一致认为詹天佑成功修筑京张铁路，是当之无愧的英雄，若在《感动中国》的颁奖晚会上他一定第一个出场……学生的写作欲望呼之欲出，于是在当天的片段作文训练中，学生写的颁奖词朴实而又真挚，富有特色。

例如，有学生是这样写的：“当我们乘火车去八达岭，看到詹天佑的铜像时，首先会发现他注视铁路的眼睛。他给了藐视中国的帝国主义者强有力的回击，他的创举象征着中国人民站起来了。作为中华铁路第一人，作为中华铁路人的杰出代表，他的名字注定要被历史铭记。”

有学生这样写：“穿越一个世纪，见证沧桑百年，刻画历史巨变，一个生命竟如此坚强。他以顽强的毅力，给帝国主义者以有力的回击；他以坚持不懈的意志，给祖国一份永久的光辉。他，就是詹天佑，一个爱国的工程师。他饱受外国人的讥笑，可他一声不吭，默默工作，为中国赢得了久违的胜利。他的名字早已刻在我们心中，他是中国的骄傲，他是中国胜利的象征！”

有学生这样写：“不怕困难也不怕嘲笑，毅然接受任务的詹天佑，他留下的伟大工程令人们赞叹不已；他不分昼夜地工作，使多少人记忆犹新；他不顾环境恶劣、风沙猛吹，依然带着学生和工人做自己应该做的事情。他的事迹在历史上留下了灿烂、美好、辉煌的一页，令多少人激动、多少人自豪。他使中国永远骄傲，我们会永远记住他！”

还有学生这样写：“是你，用生命捍卫了祖国的尊严；是你，用血汗洗刷了中国的屈辱；是你，面对艰险与嘲笑毅然接受了任务；是你，修筑了第一条中国人自己的铁路。是你，詹天佑！窗户上还映着你伏案审阅的身影，八达岭还留着你深深的脚印。你的光辉业绩给了帝国主义一个有力的回击，你的努力圆了几代中国人的梦想，你的杰作将永远保存，你的精神将永远流传。我们深情地呼唤你——詹天佑！”

甚至有学生这样写："奉天承运，皇帝昭曰：詹天佑在国家危难之际主持修筑京张铁路，而且一丝不苟地工作，不满四年就全线竣工，为我大清政府节省了二十八万两白银，特封其为优秀工程师。钦此！"

3. 续写

续写不仅能加深学生对课文的理解，更重要的是让学生插上想象的翅膀，提供给他们想象的机会和空间，培养了他们丰富的想象力和思维的灵动性，激发学生对语文的热爱。

4. 扩写

例如，在学习李白的《赠汪伦》一诗时，学生查找了李白的相关资料，了解到李白生性豪放，喜欢游历名山大川，被称为"浪漫主义诗人"。相传在李白写作《赠汪伦》一诗之前，还有一个典故——汪伦写给李白一封书信，邀请李白到自己家乡畅游。学生了解了相关背景后，学习兴趣被极大地激发和调动起来。在将这首古诗扩写成现代文时，他们思绪泉涌，情真意切，佳作纷呈，情趣盎然。

5. 缩写

学生对所学文章有了比较深刻而清晰的理解后，对主要事件和主人公留下了深刻的印象。为训练学生的语言概括能力可以进行适当的缩写训练，以达到读写结合的目的。例如，在学习《金色的鱼钩》《草地夜行》《穷人》等文章后，都可以进行一定的缩写训练。

鲁迅常说："孩子是可以敬佩的，他常常想到星月以上的境界，想到地面下的情形。"学生的想象之鸟一旦高飞，脑中会浮现出新颖、生动的意象。他们每写一次这样的作文，想象力便得到一次锻炼，生命体验便得到一次拓展，创新的萌芽便又一次破土而出。

五、重视阅读"链接"，拓展"读写"空间

现在，各种新编教材都比较注重阅读探究的"链接"，给学生提供课外阅读书目。教师和家长应当好好利用这种"链接"资源，鼓励学生进行课外阅读。学生有课外阅读需求是非常值得高兴的事，不要因为应试而扼杀了他们的阅读兴趣。正确的做法是，对学生的课外阅读适当关心，并给予一定的指导，

但没有必要过多干涉。学生有他们自己的“语文生活”，有他们自己的“语文圈子”与表达形式，包括课外“闲书”的阅读与交流、上网、写博客、QQ聊天等，这些都是提升语文能力的重要方面，同时也关系到语文兴趣的培养和阅读习惯的形成。

总之，在语文课堂阅读中不断拓展空间进行多角度作文训练是读写结合的联结点，也是读写有机整体的体现。只有读读写写、写写读读、读写结合，在反复交替的训练过程中逐渐强化和内化，才能最终转化为能力，使“时时学语文，处处用语文”的“大语文观”得到真正落实，真正完成新修订的小学语文大纲中“理解和运用祖国语言文字”的任务，使学生的语文素养不断得到提高。

基于学生个性特点的课外书选择方法指导

广东省惠州市第十一小学　任　萍

课外阅读的重要性和作用历来被人们所重视，但是当今国民的阅读现状不容乐观，中小学生的阅读情况更是令人担忧。在应试教育和阅读革命的双层夹击下，本文旨在通过“阅读内容、阅读能力、阅读目的、学生个性差异、阅读方式、阅读品味、阅读心境、阅读情感交际的多维空间”进行课外书有效选择的科学尝试，为培养学生良好的阅读习惯进行了大胆尝试，收效显著。

“书是人类进步的阶梯”，“读一本好书就如同和一位高尚的人进行了一次心灵的对话”，“腹有诗书气自华”。阅读能使学生走近伟大的灵魂，使文化得以传承，使精神得以传递。读书的重要性历来被世界各国所重视。

众所周知，阅读对一个人成长的影响是巨大的，一本好书往往能影响人的一生。人的精神发育史就是他的阅读史，一个民族的精神境界在很大程度上取决于全民族的阅读水平。联合国教科文组织于1995年将每年的4月23日这一天定为“世界读书日”，旨在鼓励人们特别是年轻人发现读书的乐趣。

近年来，世界各国所推动的教育改革，几乎都把推广阅读风气、提升阅读能力作为重点。自1995年“世界读书日”确定以来，已有100多个国家和地区参与到该活动中，其中日本、德国、冰岛、以色列、法国、美国、英国、加拿大等国家和地区的国民阅读兴趣、阅读时间、阅读种类和阅读消费等情况比较乐观。尤其是日本、德国实施了《婴儿读书计划》，以色列确定了《一生读书计划》，美国国家级课外阅读研究成果《朗读手册》连续二十年在畅销书排行榜名列前茅。

据2015年相关部门数据调查显示，我国国民对个人阅读状况评价中只有

4.6%的国民认为乐观、满意，34.5%的国民对自己的阅读状况认为比较乐观、满意，60.9%的国民对自己的阅读状况认为不乐观、不满意，有超过70.4%的国民喜欢“电子阅读”，在对阅读期望值比较高的中小学教师队伍中情况尤其堪忧。中小学生课外阅读在应试教育日趋升温的“挟持”下更是令人担忧，主要表现有：随着年龄的增长、学业压力的增加，学生的阅读兴趣呈现递减的趋势；学生受多元信息媒体的影响，阅读方式改变，“轻阅读”“休闲阅读”等呈现上升的趋势，学生沉溺于网络，依赖图像，缺乏辨别能力；课外书目的阅读类型由文学性、历史性等向故事性、通俗性发生改变；课外读书的功利色彩随年级而递增。

当前中小学生阅读现状已引起教育部高度重视，新修订的《语文新课程标准》要求小学六年课外阅读总量不少于145万字（一、二年级课外阅读总量不少于5万字，三、四年级课外阅读总量不少于40万字，五、六年级课外阅读总量不少于100万字），阅读内容要遵循学生的认知发展规律，体裁可以是童话、寓言、故事、诗歌、散文、小说等，阅读范围可以是文化、文学、历史、科普科幻读物等。北京大学中文系教授温儒敏在解析《新课程标准》时强调：“要培养学生广泛的阅读兴趣，扩大阅读面，增加阅读量，提倡少做题、多读书、好读书、读好书、读整本的书。”现在是网络时代，学生长时间接触网络，虽然也是一种阅读，但这种阅读容易浮光掠影，思维碎片化、浅化。所以，提倡多读书还要加上“读整本的书”，可以磨磨性子，养成良好的习惯与学风。

课外阅读让学生自主选择，但不是放任自流，必须有所指导，这就需要有相应的教学计划，根据各个学段的教学目标，安排适当的课外阅读，注意循序渐进，逐级增加阅读量与阅读难度，体现阅读教学的梯度。目前，中国图书市场日益繁荣，图书事业的发展突飞猛进，教师、家长、学生在海量的书籍中如何根据学生的个性有效选择课外书就显得尤为重要。选择图书时，既要激发学生的兴趣，养成良好的阅读习惯，更要有现实针对性，不断积累感悟，提高语文学科的综合能力乃至语文素养，使“课外阅读的革命”发挥“一石数鸟”的作用。

一、根据阅读内容选择优秀的书

学生时代是最佳的读书阶段。当今的教育略显功利色彩，学生阅读和成长的背景缺少了一些安静和诗意。面对繁荣的图书市场，面对浩如烟海的书籍，“读书好、读好书、好读书”则是最初的出发点和最终的落脚点。教师的作用是牵起学生的手走过“丰富”，走进那个令学生充满激情又趣味盎然的个性阅读的角落。因此，要选择内容丰富的书籍，如天文、历史、地理、人物传记、中小学指定书目和古诗文阅读等，这样才能让学生成长得更丰富，才能在未来把更丰富的思想、气息和趣味带给世界。正如鲁迅所说：“读书如同蜜蜂酿蜜，必须采过许多花才能酿出蜜来，否则所得就非常有限了。”

二、根据阅读能力选合适的书

学生阅读是一种个性化的行为和情感体验，应在阅读的过程中关注书籍中的人物，和书籍中的人物同呼吸、共命运，不断在脑海中体验、印证、重塑、构建、超越、升华，在长期“老火煲靓汤”式的积累感悟过程中逐渐提高阅读理解能力。因此，在选择课外书时，要根据学生的理解能力选择适合他们的书，不能拔苗助长，更不能强加规定。例如，《三国演义》是经典名著之一，在学生不同的年龄阶段根据理解能力的不同可以选择不同版本，如注音、绘本、图文结合、白话文、古典、连续剧、评书、英文等。这样，遵循学生的认知规律和身心发育特点，《三国演义》就会像老朋友，以不同的姿态出现在学生不同的人生阶段，使他们有不同的理解和体悟。如果版本、形式不合“胃口”，他们的阅读兴趣就会降低，直至消失。

三、根据阅读目的选择应时的书

当前应试教育仍充斥在学生不同的求学阶段，并占据着主导地位。调查显示，一名学生6岁以前在阅读的内容、形式、时间等方面都比较令人欣慰，但随着年龄的增长、学校应试教育的日益加强，学生6岁以后的课外阅读在“夹缝中求生存”——既要完成学习任务考高分，又渴求在个性化的阅读中放松，充实其焦虑、饥渴、躁动的心灵。分数和个性化课外阅读的“双层夹击”令学生和家长举步维艰、进退两难。如何巧妙化解二者之间的矛盾达到双赢的效果，下面几点做法值得借鉴。

（1）以教科书目录内容为基准进行拓展，选择相关书籍。

（2）以教材中某一课文为基点，向同类文章拓展。

（3）以节选课文为基点，向整部作品延伸。

（4）以一篇课文为基点，向相关联的内容延伸。

（5）以某一作家的作品为基点，向这位作家的传记性故事扩展。

例如，六年级上册教材中有《索溪峪的“野”》《詹天佑》《怀念母亲》《中华少年》《穷人》《只有一个地球》《少年闰土》《轻扣诗歌的大门》《最后一头战象》《金色的脚印》《伯牙绝弦》《月光曲》《军神》《林海》等经典的、文质兼美的课文。为了达到课外阅读和考高分的双赢效果，可以推荐下列作家的课外书——列夫托尔斯泰、鲁迅、沈石溪、椋鸠十、老舍、亚米契斯，也可以推荐下列内容的课外书——游记、景物、人物传记（詹天佑、鲁迅、贝多芬、新凤霞、刘伯承等）、短篇小说、环保科普、动物小说、艺术欣赏等，还可以推荐下列作品的课外书（专著、全集）——《航拍中国》《中华好儿女》《爱的教育》《故乡》《不朽的大师》《中华好诗词》《诗词大会》《沈石溪动物小说集》《椋鸠十动物小说集》等。

四、根据学生个性特点的差异选择互补的书

学生选择课外书在一定程度上是阅读经历的外在表现，受到其性格特点、气质类型、思维特点、阅读环境、家庭文化氛围、阅读协助者等诸多因素的综合影响，表现出独特的阅读个性特点。如果未引起高度重视，不加以科学地引导，往往会形成单一的、不完整的“井底之蛙式”阅读，只专注于自己喜爱的特定类型的读物，对特定作家做持续重复的阅读，看不清“井外”世界的宽阔与多姿多彩，只愿意安于现状，拒绝任何形式的改变与探索。日复一日，学生的知识结构渐趋单一、偏科，心灵逐渐封锁，思维单向性明显，丰富多元的文学世界不能构建，个人成长和人生发展都会受到巨大影响。例如，男女生思维特点在认知上存在明显的差异性，男生天生喜爱看军事、天文、历史、地理、探险、侦探等书籍，对文学性书籍兴趣不浓厚，而女生则恰恰相反，天生喜爱看童话、文学等书籍，尤其是对有浪漫色彩、故事情节、矛盾突出的内容更感兴趣。

五、根据不同的阅读方式选择合适的书

现代社会发展日新月异，人们的生活充斥着“快节奏”“高效率”，职场压力、养育孩子成本、家庭亲子关系、家庭结构稳定等问题凸显。在这种情况下，选择课外书可以根据看书、听评书、录音、微视频、讲坛、分享会、读书会、电子书等不同的阅读方式来确定，同样可以达到阅读的目的，丰盈精神世界。

六、根据阅读品位选择有美感的书

品位是一种渗透，是对生活的一种体悟，是在细微之处无声的内涵、文化的流露，阅读品位亦是如此。学生的阅读过程在一定程度上也是感受美、领略美、体悟美、升华美、创造美的过程，是心路历程的一次次蜕变，是精神世界的一次次华丽转身。因此，在选择课外书时要选择正规出版社出版、有美感的书籍。从形式上说，有的课外书粗制滥造、印刷错误、错别字多、插图混乱；从内容上说，有的外国文学作品译者的水平和能力、文学审美、情趣、修养不高；从意义上说，有些出版商、作者出于功利目的，出版的图书以无聊、八卦、搞怪、低级趣味等作为噱头抓人眼球，污染了精神世界，导致学生阅读品位降低。

七、根据阅读者心境选择恰当的书

人类参与的任何一项活动成功与否主要取决于心境和情境。心境强调的

阅读书目

是对事物一种情绪化的、感性的态度，情境强调的是置身的环境与参与的活动是否合宜。二者都影响人们对事情的参与态度，并相互调整、修正，不断改变着读者的行为。满怀期待、自发主动地阅读并乐在其中，这才是阅读的本质功能——心灵疗伤，即在书籍的阅读中，学生获得激励、获得解放、学会放弃、学会调节，在获得激励与解放、学会放弃与调节的过程中，他们心灵的伤口愈合了，获得了心灵的满足。阅读的过程亦是心路发展的历程，更是一个人精神发育的过程。而功利阅读则相对比较被动、压抑，阅读方式大多是浅表阅读、轻阅读、快餐阅读，阅读的目的仅仅是放松、获取资讯或开怀一笑而已。因此，要根据阅读者的心境选择恰当的书。书能温暖与照亮童年，能抚慰与愉悦心灵，能连接学生与成人、学生与世界的视线。

八、根据阅读情感交际的多维空间选择书

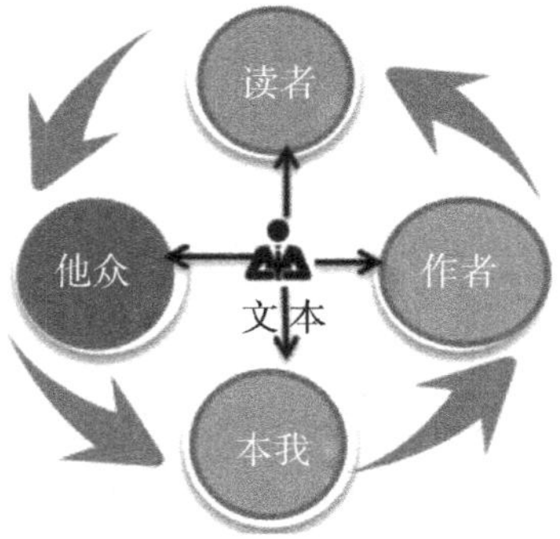

多维空间

交际是人社会化的必要活动之一，是对内在自我的一种认可，是人的精神呼唤。其实，阅读也是一项社交活动，呈现一定的阅读循环，并逐渐扩展为螺旋状态，对应的关系有读者与文本、读者与作者、读者与本我（内在的自我）、读者与他众等。阅读的本质是一种更有生产力、更有价值的心智活动，需要“是否想读、愿意读、读下去、忘我地读、分享交流”等情感回应。要不断打破二维空间的局限，凸显包罗万象的精彩世界，凭借文字将自己从狭隘的世界中抽离，尽情地遨游于宇宙星河之间，并陶醉驻足于兴趣点。因此，可以根据阅读的情感交际选择有趣味的书。例如，学生在阅读英国著名作家J.K.罗琳

的《哈利·波特》系列书籍时，会在不同年龄段一遍又一遍地反复阅读，把自己想象成主人公，在脑海中不断构想书中的奇幻情境并置身其中，在生活中和同学谈论分享时尝试扮演不同的角色，从网上搜集与本系列图书相关的视频、电影、道具、评论书籍，并由此系列图书的阅读激发起学生对类似魔幻、科幻、侦探、魔术、历史、军事、经济、管理、哲学启蒙等书籍的兴趣，甚至会进行改编、绘画再创作，以至对学生的人生规划都有影响。

苏霍姆林斯基曾说："把每一个学生都领进书籍的世界，培养起学生对书的酷爱，使书籍成为学生智力生活中的指路明星。""用阅读温暖儿童的心灵，也温暖我们自己，让我们回家。"做一个优秀的阅读推广人，科学有效地推荐课外书并努力营造书香氛围，让学生读书由"阅读——乐读——悦读"不断升华，教师们责无旁贷！

第五章

科技小论文写作研究

5

确定科技小论文的选题

广东省惠州市第十一小学　任 萍

科技小论文的选题是写作的前提和成功的关键，掌握确定选题的方法至关重要。

目前，学校教育偏重于学生对学科知识的掌握，往往忽视了对学生科学素养的培养，学生的学习方式大多是“填鸭式”。虽然新课程改革实施多年，但是由于班额过大、场地资源有限等原因，“合作交流讨论”的学习方式也只能昙花一现，流于形式。我们的学生考试成绩很好，但动手能力较弱。教师应该在坚持好的做法的同时，注重学生动手能力的培养。动手能力从哪里来？从过程中来，从亲身体验中来。将亲身体验的过程用文字的形式表述出来，科技小论文就是最好的表达方式之一。

著名教育家陶行知曾说：“人人是创造之人，时时是创造之时。”教师要想尽一切办法激发学生的想象力，让他们时常迸发出创新的火花。

因此，为了不断发掘学生的聪明才智，培养实践创新能力，发展个性特长，不断增强学生在各种场合学语文、用语文的意识，进而逐步解决目前作文教学的弊端，应指导学生写作科技小论文。写作科技小论文就是将探究性学习方式与学生个人的兴趣爱好有机结合，把实验研究论证结果以论文的形式表达出来，构建起课内外联系、校内外沟通、学科间融合的语文教育体系，为学生拓展了学习空间，增加了语文实践的机会，激发了学生的写作热情和创新欲望。

一、界定概念，明确文体

科技小论文即青少年科学论文，是指学生在参加科技活动、综合实践课等研究性学习过程中产生的具有创新性的作品，是学生模仿科学家对身边的某种事物进行的浅显性研究成果。科技小论文的格式与学术论文的格式基本相同，都具有一定的创新性、科学性和实用性，而且同学术论文一样，不能有科学错误。

从某种程度上说，科技小论文是学生写作能力的综合运用，要有科学家观察、探究事物的方法和表达方式。

也许有人会心存疑虑：这也太难了吧？不过，在了解特点、掌握方法之后，学生会认为写作科技小论文是一件很有意思的事情。首先，它不是强迫学生被动接受一项不愿完成的任务，而是结合学生的兴趣爱好，激发他们积极主动探究的热情；其次，写作科技小论文是一种符合学生身心发育特点、学习特点的一种学习方式的变革。学生大多活泼好动、精力旺盛、喜欢探究，通过在生活中开展体验活动，引导他们将体验研究和写作乐趣紧密结合，真正做到“亲身经历，真情实感”“我手写我心”，最终消除不良写作心理，走出写作困境。在活动过程中，学生对科学的兴趣逐渐提高，其科学的方法、态度、素养也得到了一定程度的培养和激发，真是一举多得啊！

二、了解特点，掌握要求

科技小论文按学科分类，包括自然科学和部分社会科学的学科内容，共有13类，分别是数学、物理学、化学、微生物学、环境科学、生物化学、医药与健康学、工程学、计算机科学、动物学、植物学、地球与空间科学、社会科学。科技小论文的写作范围非常广，涉及学生课内外的知识面也很广。从某种程度上来说，只要学生感兴趣，学习生活中的任何一件事情、任何一个感受、任何一个疑问、任何一个新的发现，只要是根据自己的所学知识和兴趣爱好，结合本地的工农业生产和生活实际，发现了问题或者有了新的科学见解、新的研究价值、新的推广应用价值等都可以写。优秀选题的特点和要求应该是：

1. 选题具有一定的科学性

有一定的理论依据，符合事物发展的基本规律。

2. 选题具有一定的创新性

可以是理论观点上的创新、方法技巧上的创新、应用上的创新。

3. 选题具有一定的可行性

尽可能做到涉及范围小、任务单纯、目标集中、容易展开、容易出成果。

此外，选题一定要切合实际。题目太大，似乎很有雄心壮志，实际上自己也不清楚怎么做和做什么；题目太小，像是回答一道练习题，缺乏研究的价值。

三、掌握方法，确定选题

（一）多渠道大胆质疑法

“处处留心皆学问”，生活中到处都充满了科学知识。只要拥有一双善于发现的眼睛，生活就是值得研究的“大百科全书”。教师通过旁征博引，举伟人事，引身边例，教育学生细心留意每天的生活，善于捕捉生活中的疑点。“学贵有疑”，“小疑则小进，大疑则大进”。在学习生活中，教师随时把学生提出的疑问公布在“生活学问窗”中，鼓励学生寻证引据来解答，激励学生成为生活中的有心人。

1. 问题来自好奇

树干为什么是圆的？榕树为什么长成如此形态？为什么有的鸭子生白蛋，有的鸭子生出的却是绿蛋？为什么有的鸭子能生双黄蛋？为什么人体的心脏能搏动、肝脏能造血、肠胃能消化食物吸收营养？

2. 问题来自遇到异常现象与困惑

河水中为什么水藻密布？街道、操场等地方大雨后为什么积水？为什么彩虹总是弧形的而不是圆形的？为什么地上的雾一会就散了，而天上的云却不容易散？

3. 问题来自日常生活

墙壁为什么脱落？毛豆腐是如何制作的？茶渣如何回收再利用？龙门牙签是如何生产的，有哪些生产上的问题，如何解决？又如小论文《豆类家族的使用情况调查》《毛绒玩具的隐忧》《来自教室的不安全因素》《手机细菌情况调查》《城市光污染的危害》《来自文具细菌的调查》《来自教室的噪声污染》《条形码在生活中的使用情况调查》《奶油对青少年身体的危害》等等。

4. 问题来自学科知识

例如，在学习了人民教育出版社五年级上册《新型玻璃》一课后，在教师的启发和追问下，学生智慧的火花不断闪现。有的学生想发明音乐玻璃、除尘玻璃、变色玻璃、调温玻璃、风景画玻璃；有的学生想发明电子课本、电子作业本和电子书包甚至想发明批改作业的机器，帮助老师减轻工作负担；还有的学生想发明一种吸管筷子、吸管勺子，既方便吃饭、夹菜，又方便喝汤。

5. 问题来自实践活动

《让阳光体育走进我们的生活》《校园植物知多少》《社区植物分布情况调查》《街头灰色广告对青少年的身心影响》《酷玩夹子》《我的课间玩什么》《谁拿走了我的课间游戏》等选题都来自学生的学习生活，尤其是在新课改后，综合实践课程作为一个新的课程纳入中小学生的课程当中。这是一门集语文、历史、地理、生物、生活、科技于一体的综合性学科，非常适合学生进行探究性学习的尝试。例如，综合实践五年级下册有一个单元的学习内容是《中国的桥梁》，在学习完该单元后，笔者结合惠州的城市建设情况不断拓展延伸，讨论出了新的研究话题：惠州桥梁的历史与现状、惠州桥梁分布情况、惠州桥梁的种类、惠州桥梁建设与居民生活情况关系调查、惠州桥梁建设与城市经济发展情况关系调查等。

6. 问题来自社会热点、冷点、焦点、难点

例如，《东江麒麟文化的现状》《惠州龙门农民画的价值》《夹竹桃的景观作用调查》《谁为我的近视负责》《我的校服何去何从》《节日礼品包装的回收再利用》等。

（二）多种形式的读书活动法

1. 确定小论文选题，搜索科学信息

可以通过开展各种形式的读书活动，让学生积累科技知识，引导学生学会用科学的眼光观察生活，用科学的思想解释生活。学生在生活中发现了众多的科学问题，怎么办？古人曰：“授人以鱼不如授人以渔。”因此，教师首先以各种形式向学生推荐书目，让他们带着捕捉到的科学信息在书海中拾贝、在网页上搜索。在知识的海洋中，他们或能直接找到满意的解答，或能寻到解题的思维方法，或能举一反三、触类旁通。之后，教师再启发学生进行分析和综合，鼓励学生在开展具体的科技活动中发现问题，引导学生从多种角度分析原因，再思考解决问题的各种方案，通过筛选、提炼，确定论文选题。例如，《沉重的学费——课外补习班情况调查》《漫画书对青少年身心健康的影响》《课本的回收再利用》等。

2. 不断拓宽学习渠道，加强对信息的搜集和处理能力

新课改要求教师注重开发和利用资源，不要将目光锁定在一本教材或几本参考书上，要超越狭隘的教育内容，让生活和经验进入教学过程，让教学“活”起来。只要教师处处留心，就会发现课程资源无处不在。教师要提高敏感度，善于捕捉国内外的科技信息，增强资源观，注意挖掘本地的科技资源，并灵活加以利用，也可以开发校本课程，建立资源库。同时还应重视培养学生对信息搜集的敏锐性，教会学生如何利用或创造条件，搜集各种科技前沿信息，然后对这些信息进行分析、处理、综合。例如，《电脑键盘细菌调查》《电脑辐射的危害》《我的古典文化漫画系列丛书设计》等。

学校的图书室、校园网均是资源建设的主要阵地。各学校应在购买图书时保障或增加科普书籍的比例，在校园网的建设中注意科技资源的含量，使其在科技教育中发挥重要作用。在上级部门的大力支持下，我校按照科普类图书比例应大于30%的要求，本学期添置了11000册图书，建立了图书阅览室和电子阅览室，为学生提供了更为丰富的科技学习资源，拓展了科技实践的空间，并且鼓励学生快速浏览信息，从各种纷繁零碎的信息中迅速而准确地找到有用的科技信息。这样，学生写出来的论文才有一定的深度与新意。例如，在指导学生完成科技小论文《让自行车走进我们的生活》时，笔者对学生确定此选题给予高度肯定。目前汽车已成为我国大中城市的宠儿，家庭人均拥有私家车已呈逐年上升趋势，这充分说明了改革开放后居民生活水平不断提高，国家综合实力不断增强。但不可否认，私家车的逐年递增带来了一系列弊病：城市交通日益拥堵、汽车尾气的排放致使空气质量下降、交通事故频频发生……小学生能够“慧眼识珠”确定此选题，实属难能可贵。可是，该从哪些方面入手才能写得有理有据呢？于是，笔者鼓励学生多方面搜集信息：自行车的历史、种类和价格等；目前各个国家自行车的使用现状；骑自行车对人体有何益处；通过调查、走访、设计问卷等方式了解人们使用自行车的情况；常用交通工具的使用情况调查表（对比价格、速度、污染指数、使用期限等）；未来自行车的发展趋势（外观、速度、价格等）；等等。经过多种途径搜集资料和不懈努力，这篇科技小论文在惠州市第三届“美境”活动方案大赛中获得二等奖，并收录在由壳牌公司出版发行的《2007—2008年优秀方案实施汇编》一书中。

3. 大力发展校园文化，寓科普宣传于各项文体活动之中

学校每年都举办校园文化科技艺术节，其内容丰富多彩，有演讲比赛、才艺表演、版面展览、朗诵合唱等，各项比赛中均有科普小故事、科技小知识穿插其中。另外，教师利用周一的国旗下讲话、每天的晨会、每周的班队课和每年的科技活动周，抓住“世界地球日”“世界环境日”“电信日”“人口日”“戒烟日”“诺贝尔科学奖公布日”“艾滋病日”等契机，开展主题科普宣传活动，例如“惠州美食甲天下”“粽子寻根”“饺子大全”等。

学校还结合科技发展的新形势、新变化、新需要，举办多样的科普专题活动进行科普宣传，例如中国航天图片展、科普读书与征文活动、科普知识竞赛活动、社会实践活动等。学生通过亲身体验，感受到科技的魅力和神奇，激发了他们探索科学奥秘的兴趣。

（三）多途径科学实践法

科学实践是新发现、新观点、新设想产生的基础，论文写作必须建立在科学实践的基础上。《语文新课程标准》强调：“要重视培养学生的探究精神和创新意识，尤其要尊重和保护学生学习的自主性和积极性，鼓励学生运用多种方法，从不同角度进行多样化探究。”科学实践形式有科学考察、科学实验、观察记录、选取样本求证等。

1. 开展趣味科学实验活动，激发兴趣，确定选题

科学实验活动能引起学生强烈的兴趣，学生的参与面广。在专业教师的指导下，他们的创新能力和动手能力都得到了提高。我校每学期都在五、六年级开展自然实验技能操作比赛，并以学生的操作能力、规范熟练程度、互助协作精神以及最后实验成功率为标准评出名次，例如高空抛蛋、水变戏法、多变夹子、护蛋行动等。

2. 成立科技兴趣小组，拓宽选题范围

成立机器人、生物、电子科技创新制作活动小组等，激发学生的想象力，培养学生的动手能力和综合运用知识的能力。在实践活动中，学生和学生之间由兴趣、探究、碰撞出智慧的火花，选题应运而生。例如，《回南天对居民生活影响调查》《水浮莲的危害》《“美丽”的夹竹桃》《植物的根——煲汤的材料》等。

（四）多角度创意思维法

1. 奇思妙想法

《语文新课程标准》明确指出，要“激发学生展开想象和幻想，鼓励想象事物”。启发学生想象，可以使学生对原始的观点、设想、方法、理论、假设进行加工改造，突破时空限制，创造崭新形象。学生的科学想象力极为活跃。在指导过程中，教师对学生大胆奇特的想象应给予充分肯定和正确引导。在启发科学想象的过程中，许多学生的思考令人惊叹不已。有的学生受到鱼的启发，想发明人造鱼鳃，让潜水员潜水时不用背上沉重的氧气瓶；有的学生想利用基因变异让自己也长出一对翅膀，能在天空中自由飞翔；有的学生想发明一种机器，让用过的废纸经过机器的处理变成一张张洁白的纸；有的学生想在路边栽上一棵棵人造吸尘变音树，把路上的灰尘吸来变成肥料，把车辆的噪声吸来变成音乐……

2. 头脑风暴法

头脑风暴法是由美国创造学家A.F.奥斯本于1939年首次提出、1953年正式发表的一种激发性思维的方法，又称为智力激励法或自由思考法（畅谈法、畅谈会、集思法）。它是无限制的自由联想和讨论的代名词，其目的在于产生新观念或激发创新设想，有利于激发学生的热情和竞争意识，刺激个人展示的欲望。例如，学生在学习五年级下册“走进信息世界”这一综合性学习内容后，对本单元的研究报告《李姓姓氏的历史与演变》很感兴趣，于是教师进行了“头脑风暴”式追问：“你们知道族谱吗？”“你的名字是按照族谱上的字传承的吗？”“你对自己姓氏的喜好程度怎样？发生过哪些难忘的事情？”“你们家族姓氏的演变情况如何？”“在你所认识的名人、伟人中，有和你相同姓氏的人吗？”“你知道我们班级里什么姓氏最多吗？”“在你生活的城市、小区中，什么姓氏的人最多？说明了什么？”一石激起千层浪，在教师的启发下，学生立足于课本有限的内容，集思广益，纷纷提出了可行性的补充意见并按兴趣分小组加以研究，如李姓家族不同历史时期名人情况调查与分布，李姓家族在中国各省分布情况与调查（附中国彩色地图），李姓家族在亚洲的分布情况与调查，李姓家族名人典故、谚语、歇后语，等等。

3. 金字塔结构图法

这是一种能够清醒地思考问题，并有效缩小题目范围的思维方法。例如，关于“植物”的小论文选题，方法如下：在一张纸的中间写上综合性的题目“植物”；在第二行中间写上比综合性题目“植物”范围小的题目“沙漠植物”“雨林植物”；在第三行写上由第二行题目分类出来的更小的题目，在“沙漠植物”下面写上“仙人掌”“沙漠中的树木”，在“雨林植物”下面写上“高大的植物”“森林地表植物”。这样就可以继续缩小题目，直到得到合适的题目为止。但是一定要注意，如果题目缩得太小，最后的范围就会过窄！如果出现这种情况，就可以向上行寻找一个范围合适的题目。如下图所示：

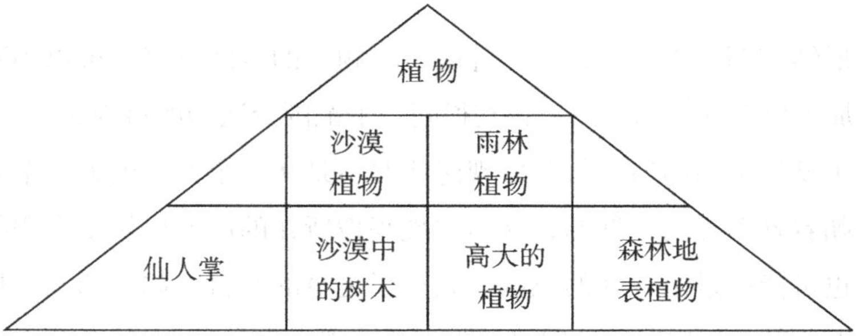

金字塔结构图

从上图第一行可以看出，“植物”是最大的综合性题目，第二行“沙漠植物”“雨林植物”是由最大的题目“植物”分类而来的子题目，第三行中的“仙人掌”“沙漠中的树木”“高大的植物”“森林地表植物”则是由第二行的子题目分化而来的更小一级的子题目。这样既可以不断拓展延伸对综合性大题目的思考的广度和深度，又可以向上循环往复找到一个大小合适，并且自己感兴趣的题目。

4. 靶型结构图法

如果构思超过两个，那么靶形结构图则是一种不错的选择。它能让思绪更自由地驰骋，逐渐找到写作方向。以上文中的“植物”为例，方法如下：首先在一张白纸的中间画一个圆圈，围绕圆圈再向外延伸画出几个更大的圆圈，此时的结构图看上去就像一个射击的靶子。然后在最里层的圆圈内写上综合性题目“植物”，在外层的圆圈内依次写下范围较小的子题目“沙漠植物”“沙漠树木”“约书亚树、三齿拉雷亚灌木、猴面包树”等。

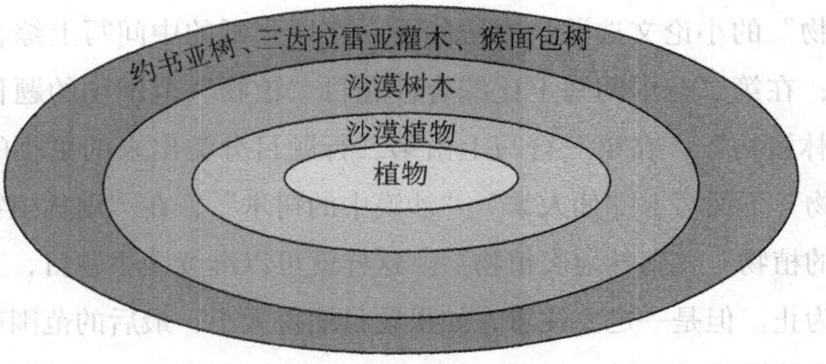

靶形结构图

由靶形结构图可以看出，越往外圈走，题目的范围越窄。可以不断地列下去，从而加上更多的外围圆圈，直到得到一个范围合适的题目为止。

完成了靶形结构图后，就会发现想法并不是从一个方向朝另一个方向扩展的，而是朝着各个方向扩展的，这为发现兴趣所在的区域提供了有用的线索。但是，这也可能超过了合理的范围，到达了更窄的题目，如“约书亚树、三齿拉雷亚灌木、猴面包树”，这时必须退回去，避免题目范围过窄。

5. 联想网络图法

联想网络图是一种将想法直观地组织起来的方法，可被看成是一个构思图。具体步骤是：首先在纸的中间画一个较大的圆圈，在圆圈里写上自己最先想到的题目；当脑海中出现其他相关的题目时，把它们写在大圆圈周围的小圆圈里面，再用短线将大圆圈和小圆圈连接起来；然后根据小圆圈里的题目产生更多的想法，可以把它们写到更小的圆圈里面；最后，将最终的想法写在纸的角落处一个圆圈里，从而成功地找到论文的题目。

下面的联想网络图展示的是一名学生如何缩小“动物”这个宽泛的题目，图示如下：

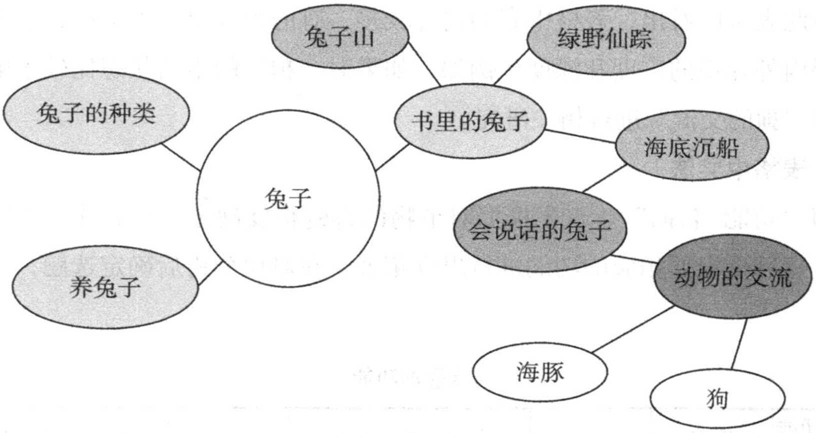

联想网络图

由此图可以看出，联想网络图能够从一级题目“兔子”引发其他二级题目“兔子的种类”“养兔子”“书里的兔子”的产生；二级题目“书里的兔子”又引发其他三级题目“兔子山”“绿野仙踪”“海底沉船”的产生；三级题目“海底沉船”引发四级题目“会说话的兔子”的产生；四级题目“会说话的兔子”引发五级题目“动物的交流”的产生；五级题目“动物的交流”导致六级题目“海豚”“狗”的产生，最终根据个人的喜好确定选题。如此逐级递推，可以最终找到小论文的选题。

6.“5W+1H”列表法

“5W”指的是“什么（What）”“在哪里（Where）”“什么时候（When）”“为什么（Why）”“谁（Who）”，“H”指的是“怎么样（How）”。通过“5W+1H”列表法，可以很快找到研究的选题。列表如下：

“5W+1H”列表法

什么 What	在哪里 Where	什么时候 When	为什么 Why	谁 Who	怎么样 How
狗是以哪些不同的方式进行交流的？			1. 狗为什么吠叫？ 2. 狗为什么咆哮？ 3. 狗为什么会摇尾巴？ 4. 狗为什么舔人的脸？		1. 狗怎样利用声音交流？ 2. 狗怎样利用肢体语言交流？ 3. 狗怎样利用面部表情交流（微笑、皱眉、撇嘴等）？

由此表可以看出，表格中有的内容较多，有的内容出现了空白，这完全取决于课内外知识的广度和深度。例如，如果对“狗”的生活状态比较了解，就可以对“狗的交流”进行相关研究。

7. 表格中奖法

即“功能+名词”。首先根据对事物的喜爱程度确定一个具体的事物——水壶，然后再根据相应的功能进行思维拓展，在对比分析后确定选题，如下表所示：

水壶的功能

功能 / 名词	恒温	可调	自动	报警	振动	照明	按摩
水壶							

此表格横向所列是事物所具有的功能，纵向是具体的事物。确定选题时纵向、横向综合思考，分析对比，根据个人已有的课内外知识和对事物的喜爱程度确定与选题相关联的内容。

总之，探究科技小论文写作既是一项艰辛、烦琐却又富有意义的工作，也是探索作文教学走出困境的良好途径。教师虽然不是科学家，但应该是未来科学家的引路人。

古诗学习中的妙趣科学

广东省惠州市第十一小学 任 萍

在源远流长、博大精深的古典文化中，古诗是文化宝库中一颗璀璨的明珠，是中国经典也是最具中国特色的情感表达方式。其饱含意蕴，饱含文化、价值与智慧，是宝贵的精神财富。它培养人们的审美感受和艺术趣味，陶冶人们的生命情操，是中华民族美育和文学教育的经典，也是艺术创作取之不尽的灵感源泉。

但是，当前中小学教学对古典诗词的重视程度远远不够，出现了学生学习不得其法的窘境。古诗学习的观念要改变，不是要复古，更不是将现代诗歌取而代之，而是要让古诗中蕴含的民族精神得以传承和发扬光大。更重要的是，在古诗学习的过程中创新学习的载体和途径，找到古诗学习和学生生活实际、认知规律、身心发育特点的最佳契合点。本方案旨在整合古诗教学中的内容，发现古诗中的科学现象，激发科学兴趣，拓展科学知识，使学生在古诗学习过程中感受科学探究的乐趣和魅力。

一、活动主题的提出

1.《语文新课程标准》

"诵读优秀诗文，注意通过诗文的声调、节奏等体味作品的内容和情感。背诵优秀诗文75篇（段）。"新课标对古诗教学提出了新的要求，教师在教学过程中要善于将传统文化和时代精神糅合起来，形成开放的、创造性的教学思路；要善于调动一切可利用的教学资源，拓展学生的学习空间；要为学生营造思考问题的情境，引导其掌握正确的学习方法。

2. 习近平总书记的讲话

习近平总书记在北京师范大学考察时曾说："我很不赞成把古代经典诗词和散文从课本中去掉，'去中国化'是很悲哀的。应该把这些经典嵌在学生脑子里，成为中华民族文化的基因。"中国是一个诗歌的国度，先人留下了大量的古典诗词。在今天这个社会变革日新月异、信息爆炸的新媒体时代，古典诗词是否还能活在当下、以什么样的方式活在当下，这是需要每个人认真面对的问题。

3. 古诗是民族的财富，是历史的传承

古诗是中国经典的情感表达方式，也是最具中国特色的情感表达方式。其形式简洁明快，语言含蓄深情，经过几千年的积淀，为人们所喜爱，是人们在长期的文学创作实践中提炼出的最具代表性的文学形态。它内涵丰富，几乎涉及政治、经济、文化、军事、科技等社会生活的所有方面。一部古典诗词的历史就是一部中国的历史，读古典诗词不仅能读出蕴含其中的情感，更能读出中国人的文化、价值与智慧。

4. 学好古诗堪比"母乳喂养"

北大中文系教授钱志熙指出，在中国古代文学艺术里，古诗词是发展程度最高的艺术形式之一，是汉语最精致的语言艺术，也是中国传统文化的瑰宝。学好古诗词，对一个人的思想情操、审美能力、文学兴趣、人文精神的养成等多个方面都很重要。学生时期开始学习古诗词不但锻炼记忆力，更能培养学生的兴趣。这既是一个熏陶的过程、一个潜移默化的过程，也是一个积累的过程。

"腹有诗书气自华"，"读书万卷始通神"。在古诗词里，随时都能找到恰如其分的现成诗句，比如：讲勤俭节约、悯农的，有"谁知盘中餐，粒粒皆辛苦"；讲励志的，有"黑发不知勤学早，白首方悔读书迟"；讲忧国忧民的，有"居庙堂之高则忧其民，处江湖之远则忧其君"。无论励志、审美，古诗词都给人眼前一亮的感觉，符合意境的诗句信手拈来，岂不快哉？

每个民族都有自己的文化密码和语言传统。古诗词是祖国文化的瑰宝，也最契合人们思维习惯和内心的艺术形式，为工作学习和健康心灵积累丰富的文化底蕴。

5. 现代生活的处处诗意

生活中处处有古诗，处处充满诗意。无论是在微信、微博，还是在各大网站上，都可以看到古典诗词已经渗透其中，古诗词成为重要的时尚元素之一。古诗词涵养民族气质，孕育民族品格，培育民族精神，展现民族风貌。所以，人们需要古诗词，尤其今天更加需要。

二、活动意义

（1）中国是诗词的国度，在学习古诗词的过程中可以不断加强语言的积累，激发学生热爱祖国语言文字的思想感情。

（2）在学习古诗词时进行整合教学，挖掘其蕴含的科学现象、原理、规律，激活课堂教学氛围，培育文学情趣，增强文学修养。

（3）激发学生学科学、爱科学、用科学的兴趣。

（4）拓展学生的科学知识，解构相关的科学原理，陶冶学生情操，培养科学素养。

（5）创新古诗词学习和科学学习的新途径，能够加强学生对学习资源整合能力的培养和提升。

三、活动的计划

（1）准备学习资料：购买或复印《古诗75首》，人手一本；教师准备VCD、古诗光盘、录像等资料。

（2）了解古诗词的历史和学习古诗词的意义。

（3）宣读倡议书并制定本活动方案。

（4）营造班级活动氛围。

（5）利用早读、午读、暮读的时间进行背诵，每天2—3首。

（6）利用课间、活动课、自习课欣赏古诗词，营造良好的学习氛围。

（7）小组合作，进行古诗词中“奇妙科学”的探究学习并汇报交流。

（8）开展形式多样的古诗竞赛活动，如同桌擂台赛、小组赛、背诗大王、诗文图展（诗配画）、古诗美文名句默写大赛、创意古诗改写、古诗表演、“中华好诗词”知识大赛。

（9）教师开发形式多样的多媒体古诗词课件、古诗词活动课件和教学设计等，激发学生的学习兴趣。

（10）古诗词背诵方法大比拼。

（11）古诗词中的科学实验。

（12）调查问卷（家长、亲朋好友）。

（13）优秀成果展示，如优秀作业、作品集、幻灯片、文艺表演等。

四、活动的主要形式

自主学习、小组合作探究、查阅资料、生活体验等。

五、活动情况及过程

1. 古诗词的历史

中国诗歌源远流长，拥有两千多年的历史。早在周代就产生了以四言为主的诗歌体式，留下诗歌总集《诗经》，周代贵族以诗为文化教育的“六艺”之一。春秋时期诸侯国在祭祀、宴飨和朝会时演奏诗乐，贵族交际和使臣应对也经常借诗来表达，以至孔子有“不学诗，无以言”的感慨。文学史上第一位伟大的作家屈原就是一位诗人。从汉魏到南北朝，诗歌体式不断完善，艺术表现技巧不断丰富，声律形式不断完备，到唐代终于形成近体诗的完美形式。

唐代留下诗作的2000多名诗人多数是文人，而文人几乎成了诗人的同义词。只有不能作文的诗人，没有不能作诗的文人。唐代以后，有许多单纯的诗集，却很少有只有文没有诗的文集。既有李白、杜甫、苏轼、陆游这样的伟大诗人，也有留存只言片语的无名作者，整个社会无不崇拜诗人、喜爱诗歌。许多典故、逸事都表明，中华民族是一个热爱诗歌的民族，中国是一个诗歌的国度。经学界近年仔细整理，唐代留下的诗歌有4.7万首之多。而前后不到100年历史的元朝，编成的《全元诗》竟收录了14万首作品。清代古诗的数量更是无法估算，现存有姓名的1万多名作者有4万多部文集，加上上千种总集，最保守估计也有几百万首。

2. 学习古诗词的意义

古典诗词蕴含了中华民族千百年来凝聚而成的以爱国主义为核心的团结统

一、爱好和平、勤劳勇敢、自强不息的民族精神，这种民族精神又促进了优秀民族文化的不断发展。民族精神始终是维系各族人民共同生活的精神纽带，是支撑民族生存和发展的精神支柱，是民族之魂。

3. 古诗词中的妙趣科学探究学习

（1）古诗词学习分类。

古诗词植物园、古诗词动物园、色彩古诗词王国、声音古诗词王国、味道古诗词王国、自然现象古诗词王国，等等。

（2）各小组古诗词分类情况。

① 古诗词植物园：《咏柳》《晓出净慈寺送林子方》《山行》《墨梅》《四时田园杂兴》《绝句》《江南春》《惠崇春江晚景》《江畔独步寻花》《赋得古原草送别》《晚春》《梅花》《寒食》……

② 古诗词动物园：《蜂》《咏鹅》《渔歌子》《小儿垂钓》《逢雪送芙蓉山主人》《所见》《宿新市徐公店》《无题》《枫桥夜泊》《塞下曲》《绝句》……

③ 色彩古诗词王国：《咏鹅》《相思》《绝句》《忆江南》《暮江吟》《春日》《鹿柴》《游园不值》《乡村四月》《书湖阴先生壁》《望洞庭》……

④ 声音古诗词王国：《春晓》《绝句》《江雪》《村居》《渔歌子》《鸟鸣涧》《独坐敬亭山》《乌衣巷》……

⑤ 味道古诗词王国：《咏梅》《悯农》《凉州词》《江上渔者》《渔歌子》……

⑥ 风俗文化古诗词王国：《静夜思》《元日》《清明》《九月九日忆山东兄弟》《鹊桥仙》……

⑦ 儿童生活乐趣古诗词王国：《小儿垂钓》《所见》《村居》《舟过安仁》……

⑧ 美食文化古诗词王国：《渔歌子》《荔枝》《过华清宫》《凉州词》……

⑨ 中国旅游地图古诗词王国：《饮湖上初晴后雨》《使至塞上》《忆江南》《凉州词》《山居秋暝》……

⑩ 自然现象古诗词王国：《静夜思》《春夜喜雨》《春晓》《六月二十七日望湖楼醉书》《枫桥夜泊》《咏柳》《滁州西涧》《暮江吟》《竹枝词》……

4. 古诗词学习中科学知识探究的方法

（1）切入衔接点，激发学生的学习情趣。

（2）融入知识点，在交互与渗透中拓展认知视野。

（3）引入对接点，在梳理与归纳中培养思维能力。

（4）导入生成点，在体验与感悟中激活探究过程。

（5）注入小热点，在生活与实证中拓展探究时空。

（6）嵌入情感点，在整合与默化中提升人文素养。

六、活动体会

学生背诵大量的古诗词，了解和弘扬优秀传统文化，增加自身人文素养，增进对祖国传统文化的热爱之情。

通过对古诗词中妙趣科学的学习，整合了学习资源，拓宽了学习渠道，丰富了课内外知识，充实了学生的精神世界，激发了学生“学科学、爱科学、用科学”的兴趣，让学生感受到科学的魅力，享受了快乐，体验了成功，增强了自信。

学生掌握了背诵古诗词的技巧，锻炼并提高了记忆力，培养了注意力，激活并发展了思维力，其学习能力得到极大提高，并促进良好学习习惯的养成和自学能力的培养。

通过诵读中华经典，教师营造了和谐、人文的校园文化氛围，培养了学生读书的兴趣，增加了学生历史、地理、天文、数学、文学、艺术等各方面的基本素养。

第六章

序列作文积累研究

6

小学生序列作文片段练习方法探究

——“日行一善”示例方法浅谈

广东省惠州市第十一小学 任 萍

“日行一善”与“序列作文片段练习”有机结合，相互渗透，构建了“大语文观”，体现了“语文生活化，生活语文化”的理念，提高了学生的语文素养，在长期坚持和潜移默化中有利于学生形成良好的习惯、心态、性格、人格和高尚的道德品质。

目前在市场经济冲击下，由于价值观念的多元化、家庭教育的部分缺失、代沟的扩大等原因，频频出现诚信缺失、道德滑坡、信仰迷茫等不良现象，引起了社会各界的广泛关注。在中小学的德育教育过程中，或由于重视不够、形式主义严重，或由于方法简单、形式单一，或由于创新的载体、渠道陈旧，现行的思想品德课程内容与学生现实生活存在着很大的差距，不能触动学生的心灵世界和精神世界，书本知识、理论、社会实际、学生的生活世界、精神世界等不能有机融为一体，出现了“空心式”“浮萍式”“两张皮”等现象，导致学校德育教育实效性低下。为此，国务院下发《中共中央国务院关于进一步加强和改进未成年人思想道德建设的若干意见》《公民道德建设纲要》等文件，进一步强调了学校德育教育工作的重要性、紧迫性和必要性。

“日行一善”教育实践活动是加强学生思想道德建设的重要内容，是全面提高学生思想道德素质的有效途径，是具体贯彻落实“社会主义核心价值观”的具体体现，是不断加强学生主体性道德教育的重要途径之一。加强和改进学生思想道德建设是一项重大而紧迫的战略任务。

“日行一善”一词出自清朝《德育古鉴》中的相关记载：哲宗元祐三年（1088年），时任兵器监主簿的葛繁坚持每天做好事，后来官至太守。有人请教他如何“日行一善”，他说：“比如这里有条板凳，倒了碍人走路，就弯腰把它扶正放好，即是一善。”之后，这一成语常用于鼓励人们的向善之心。

“善”是人性的根本，是儒、道、释等中国传统文化共同推崇的文明。历代经典中均有对“善”的记载：“思无邪”“人之初、性本善”“积善之家有余庆，积不善之家有余殃”……科学研究发现，行善可以带来良好的感觉。脑显像表明，行善动机会伴有兴奋神经元的激活。俄勒冈大学研究人员的一项生物学研究结果表明，“行善”的生物学基础是人产生欣慰的神经冲动电活动。坚持行善的人，善念日增而邪念日减，会形成强大的正能量磁场和引力波，向周围不断扩散辐射，形成“善行”的动态良性循环。长期坚持，能够摒弃邪念、剔除杂念、顿悟开化、净化人格、升华境界，达到“知行合一”“天道合一”，提高人生的幸福指数，引导人们获得物质与精神两方面的幸福。对中小学生来说，还可以极大地促进其良好道德品质的形成，为培养健全的人格奠定基础。

当前，“日行一善”教育实践活动主要是学校的德育工作、思想品德课程和学生的现实生活相结合，依托现代教育载体和多形式、多渠道的特色活动，按照“贴近生活、知行合一、突出特色、重在实践”的原则，从自我出发，由身边小事入手，于细微处见真情，构建“自我—家庭—学校—社会—自然”的活动范围，逐步实现由“日行一善”到“天天行善”，由“人人向善”到“人人行善”，进而逐步明白“大道至简”“大善至爱”的道理，最终树立并形成高尚的道德品质。

新修订的《语文新课程标准》坚持“以学生发展为本”，强调“写作的过程是认识世界、认识自我、自我发展的过程”，“要注重写作与做人的关系”，“写作教学应贴近学生实际，让学生易于动笔、乐于表达，应引导学生关注现实、热爱生活、积极向上，表达真情实感”，要不断降低写作的门槛，从写话、片段练习入手，遵循学生语言发展的规律，循序渐进，不要盲目“提前”“拔高”。

将“日行一善”的行为固化并形成良好的品质，依托“序列作文片段练习”是一个最佳的契机点和最巧妙的结合点。在训练内容上“善待家长、善待师生、善待他人（陌生人）、善待社会、善待自然、善待自己、善待生命”，在训练形式上“崇善、明善、行善、积善、省善”，在认知发展规律上“由己及人、由近及远、由浅入深、由表及里、由物质到精神”，形成序列并分层递进。既遵从了学生的认知规律、身心发育特点以及精神发育史，激发学生学习语文和写作的兴趣，加强语言积累，真正树立“大语文观”的理念，又使学生通过长期的观察、记录、感受、体验，在头脑中逐渐形成善的道德观念，懂得有所为、有所不为，提高了德育教育的实效性，真正起到了“润物细无声”的教育效果。

一、崇善：文道合一，树立良好的道德观念

“作文的最高境界是做人”，即文如其人。人重在有灵魂，文重在有思想。一篇文章的立意与作者的思想观念、道德品质、人格修养和生活经验紧密相连、息息相关。立意是文章的灵魂，决定了整篇文章的命运。虽然小学生的作文对此要求还不能过高，但是语文教师要清楚作文教学的方向、目标，循序渐进地教会学生从小明辨是非，辨别美丑，向往“真善美”，不断培养学生正确、良好的道德观念。

二、明善：激情引趣，弘扬良好的道德精神

学生心性纯良，活泼可爱，模仿性、可塑性较强，渴望被人激励赏识，潜意识里或多或少都有英雄主义情结，都有向上、向善、成功的愿望，对教师怀有一定的敬畏之感。在小学语文教材中，有许多文质兼美的文章。在语言文字训练时，如果能够创设情境，化“我”入境，同时巧妙渗透，发挥育人的功能，就会使学生身临其境，在认知、心理、思想上逐步激发“想善、向善”之情。情感的闸门一旦打开，写作训练则“我手写我心”。

三、行善：拓宽渠道，在体验式写作中培养良好的道德品质

目前，学生写作中出现了“假话、客话、套话、空话”“模式化、成人化”等诸多问题，究其原因在于“写作素材积累少”。小学生生活经历少，社

会经验不够丰富，对周围的事物感受性不强，而且学生的成长规律是在“生活中、实践中”体验式状态中发展的，而不是在说教式、“闭门造车”中发展的。尤其是写作练习，更要拓宽学生的学习渠道，“日行一善”的序列训练内容深入学生的生活实际，从小处入手，易于“亲身体验”，易于使学生产生与“文本”的对话，可以巧妙含蓄地激发学生的“真情实感”。

四、积善：积累慎思，在经验性写作中形成良好的道德习惯

“问渠那得清如许，为有源头活水来”“处处留心皆学问”“生活中不是缺少美，而是缺少发现美的眼睛”，均强调了生活是写作的源泉。学生要善于观察生活，提高观察生活的能力，避免“静止、孤立、片面”地看问题，提高认识事物的水平，懂得事物是运动、变化、发展和相互联系的，及时把所见、所闻、所感进行分类记录。日复一日坚持下去，不仅学生的思想觉悟提高了，分辨“真善美、假恶丑”的能力加强了，而且他们在写作训练时就能够熟练做到“有人可记、有物可写、有事可议、有情可抒”。

五、省善：选择评价，在反思性写作中提高良好的道德观念

学生的生活世界是由不同的经验领域组成的，这些经验相互连接、部分重叠，并相互渗透，进而固化为思想上、精神上正确的人生观、价值观和世界观。学生长期坚持“日行一善”序列作文片段训练，自然而然就会将生活体验中积累的有意义的、丰富多彩的素材进行挖掘，以语言的形式对生活体验进行描述，并不断唤起、充实对生活经验的再理解、再认识，最终达到“文以载道，文道统一”的境界。

总之，将“日行一善”与序列作文片段练习相结合，不仅构建了“大语文观”，体现了“语文生活化、生活语文化”的理念，提高了学生的语文素养，更重要的是在实践过程中，学生的习惯、心态、性格、人格等都有了明显变化，完成了一个人从“低级到高级”“物质到精神”的追求，对提高学生良好的道德观念发挥了巨大作用。

附：

学生精选作业摘录

一、日行一善——善待长辈

1. 今天早上，我起床后迅速地穿好衣服、刷完牙，一溜烟地冲进妈妈的房间，把妈妈的被子叠好了。一整天我都快快乐乐的，真好！

——惠州市第十一小学四（1）班　陈雨桐

2. 今天我和姐姐看到厨房有很多碗筷没有洗，但是妈妈又很疲惫，于是我和姐姐就一起把碗筷洗了。能给妈妈当个小帮手，我高兴极了。

——惠州市第十一小学四（1）班　林凯婷

3.今天是大姑的生日，很早就听说她想要一束花。爸爸带我去鲜花店，我精挑细选了一束粉红色的康乃馨。我想，大姑一定会喜欢的，因为康乃馨寓意“幸福、温馨、甜蜜”！

——惠州市第十一小学四（1）班　李彦莹

4.今天中午，妈妈因为下班较晚，所以我很晚才吃到饭。在这之前，我已经开始切茄子了，想自己煮菜吃。当我把茄子切完时，妈妈就回来了，看见我切的菜，妈妈不停地夸我，我心里美滋滋的。

——惠州市第十一小学四（1）班　蔡东妍

5.今天是我的生日。爸爸妈妈陪我过了这个生日，他们给我订了一个漂亮的蛋糕，还送了一盒乐高积木和一本漫画书，外加两包“利是”。感谢他们陪我过了一个快乐的生日，我会永远记住这一天的！

——惠州市第十一小学四（1）班　李宇晴

二、日行一善——善待师生

1. 2016年10月24日早上7：50，我来到教室，听见同学们在谈论周末作业。当他们说到周记时，我急忙凑上前去问：“什么周记？”一个同学说：“有啊，任老师周五早上下课时布置的。”我一下子蒙了：“怎么我没听到呢？糟了，我没写周记啊……”一个上午，我的心里都像吊着块大石头。直到放学时，任老师说未完成作业的可以补做，明天交，我心里的石头才放下来一点。心想：我今天晚上就加班加点地补吧！感谢任老师给我这个补救的机会，我一定会把作业完成好的。“老师，请相信我，我的周记一定会被您表扬的！”我自信满满地对自己说。

——惠州市第十一小学四（1）班　林如海

2. 今天上自习课时，同桌刘炎突然问我："这道题怎么做？"我说："你看，题目告诉我们它堆了20层，又告诉我们它是最下面一层，就应该用底层的100去减3乘以20减1，因为每往下堆一层就多了3根……"说着说着，刘炎恍然大悟，突然打断我说："我懂了，谢谢你！"

——惠州市第十一小学四（1）班　陈雨桐

3. 2016年11月16日早上9：15，任老师在语文课上表扬了巫远峰，真是出乎意料。要知道，从一年级到现在，他很少完成作业的，今天不仅交了语文作业，而且作文破天荒地写满了一整页。这也告诉我们一个道理：只要肯努力，就算基础再差也可以进步。巫远峰，感谢你！你是我的一面镜子，我一定要更努力，我们一起进步吧！

——惠州市第十一小学四（1）班　林如海

三、日行一善——善待他人

1. 感谢摄影师帮我们在家长开放课时进行拍摄，老师讲的课妙趣横生，同学们积极举手发言，真令人难忘！

——惠州市第十一小学五（1）班　林凯婷

2. 今天上午，我把参加书法比赛的作品带来了。我的同学黄易慧也参加了，但是因为不知道具体的格式要求没有写，于是我就详细地告诉了她。

——惠州市第十一小学五（1）班　刘婧扬

3. 今天下午第三节课，小蔡同学的妈妈来到了五（1）班，专门为我们排练元旦要表演的节目《说唱脸谱》。非常感谢这位家长，我要对她说一声："阿姨，谢谢您，您辛苦了，我们爱您！"

——惠州市第十一小学五（1）班　曾锦莹

四、日行一善——善待社会

1. 2016年11月21日，我早早地到了学校，按照老师的分工在校门口站岗执勤。一瞬间，我觉得自己长大了，像一名战士一样，多么骄傲、多么自豪啊！

——惠州市第十一小学五（1）班　刘宸希

2. 2016年10月31日下午第二节电脑课后，我去卫生间时听到“哗哗哗”的流水声。我凑前一看，原来是水龙头开着，喷出来的水溅了我一脸。我皱了皱眉头，心想：“这是哪个家伙干的？太浪费水资源了！”然后，我快步上前把水龙头关上，然后放心地离开了。

——惠州市第十一小学五（1）班　林如海

3. 今天中午放学时，我发现走廊的垃圾桶旁边有一些垃圾，于是我默默地走过去把垃圾捡起来丢进垃圾桶。虽然这是一件不起眼的小事，但我总是想起学过的课文《钓鱼的启示》告诉我们：“一个人无论在什么情况下，都要有实践道德的勇气和力量！”

——惠州市第十一小学五（1）班　王俊程

4. 今天发生了一件有趣的事，我竟然爱听鼓号队打鼓了。“咚咚咚”的声音，有时像狮子的吼叫，有时又很清脆，像翠鸟的叫声，真好听！原来音乐竟有如此的魔力，可以愉悦人的身心。

——惠州市第十一小学五（1）班　阙子谦

五、日行一善——善待自己

1. 大约在两个月前，学校举办了一个关于保护口腔的知识讲座，重点教我们怎样刷牙。从那天以后，我每天早晚都很认真地刷牙。果然，在今天的体检中，很多同学都检查出了龋齿，而我的牙齿却完全没有任何问题。这多亏了那次讲座，多亏了我对自己的严格要求和认真对待。看来，自律才能成就更美好的自己！

2. 今天上午最后一节语文课，任老师表扬了我，我可开心了，这是我上五年级以来得到的最特别的一次表扬。任老师突击检查了大家的古诗词背诵情况，我背诵得最流利。尤其是在活学活用环节，我的表现又很突出，任老师还奖励给我一张“真情卡”。太棒了，我的努力没有白费啊！

——惠州市第十一小学五（1）班　周锐鸿

3. 人与人的差距一开始并不大，后来因为懒惰，差距越来越大。因为自己不够努力、不够坚持，将一切变成了“随便”“没什么”“以后再说”，将之前的努力全部像气球里的气一样放掉，将自己曾经说过的誓言全部忘记，将自己曾经许下的“伟大的梦想”全部化成泡影，一味地自我放松、自我陶醉，一天、两天……“优秀”“美好”离自己越来越远，是什么改变了这一切呢？是自己！一个人最大的敌人就是自己，只有自己才能拯救自己，只有自己才是自己的救世主！

——惠州市第十一小学五（1）班　刘子慧

六、日行一善——善待生命

1. 今天晚上，我在洗澡间打死了一只蚊子，把它喂给了我养的小金鱼。那小金鱼一直看着我，好像在向我道谢呢！

——惠州市第十一小学五（1）班　李彦莹

2. 今天，我和爸爸都发烧了，所有的家务和照顾我俩的任务都落在了妈妈身上。妈妈工作了一整天，还要拖着疲惫的身体忙来忙去，我感到很内疚，不停地自责：“为什么我就管不住自己的一张好吃的嘴呢？明明不可以吃那么多零食，可我就……唉，一定要长记性啊，不然生病了难受的可是自己啊！”

——惠州市第十一小学五（1）班　冯炫棋

3. 这个周末，我们游泳队就要参加第五届惠州市运动会了。我要参加100米蝶泳、100米仰泳、50米混合接力和自由泳接力四项比赛。为我加油吧！老师，我们一定不辜负您的期望！

——惠州市第十一小学五（1）班　陈悦恺

第七章

作文研讨设计及实例

7

观察·体验·倾吐

——苹果

广东省惠州市第十一小学　任　萍

【设计理念】

《语文新课程标准》提倡“写作感情要真挚，力求表达自己对自然、社会以及人生独特、真切的体验，多角度地观察生活，发现生活的多姿多彩，捕捉事物的特征，力求有训练地表达”。

1. 本教学设计注重将作文的内容与学生的生活有机结合起来

本教学设计选择生活中常见的苹果作为切入点，让学生通过看、闻、听、摸、尝展开联想，引导学生回到生活中去，激发学生回忆、调查与探究，然后再将其写作成文，不仅有助于消除学生对写作的畏惧心理，也有助于激发学生树立作文为生活所用的意识，更体现了作文教学的开放性。

2. 本教学设计找准了学生作文的倾诉点

此设计真正实现了为学生“需要”而作。学生写作文，首先要有表达的欲望。教师通过设计情景，让学生帮助“苹果娃娃”找烦恼，在解决问题时教会学生用各种感官获得独特的感觉，引导学生表述，并让学生品尝以后自主联想，再由联想发现问题，进而想办法解决，这一过程较好地激起了学生的表达欲望。学生有了写作的动机，自然而然会积极动脑筋了。同时，这样的设计以“苹果”为话题，不限文体，不限表达方式，激发了学生的想象力，以贴近学生现实生活的材料引导学生体验生活、关注社会、品味人生，从而写出属于学生自己的作文，使学生的思想从单纯的苹果转移到语言文字表达上来，体现了语文学科的工具性。

3. 本教学设计充分体现了学生的自主合作精神

教师让学生自主地感受苹果后进行联想，然后让学生根据自己丰富的联想，自主地选材，确定文体与题目，大胆去想、去做、去议、去交流讨论。学生根据自我感悟，选择恰当的表达方式，既充分体现了合作学习，又充分尊重了学生独特的体验。学生们有了自己的感受，有了写作的兴趣，有了写作的信心，自然会钻研写作技巧。这在一定程度上弥补了教师个别指导力度不够的缺陷，使作文中的“弱势群体”在无形之中提高了自身的语言表达能力及写作水平。

总之，本作文教学设计以“真实、自主、合作、需要、创新”为着眼点，注意发挥学生的个性，充分体现了《语文新课程标准》的新思想、新理念。

【教学目标】

（1）引导学生抓住苹果的特点，学会从形状、颜色、味道及其营养价值等方面按照一定顺序进行介绍和描写。

（2）引导学生用各种感觉（视觉、听觉、嗅觉、味觉、触觉）直接感受生活中的事物，并且以自己全部的心思、全部的真情仔细体味人生。

（3）引导学生多角度地观察事物，把选材的触角延伸到家庭、学校及社会生活之中。

（4）让学生尝试自主拟题，展开适当的想象，不拘写作形式，有创意地“我手写我心”“我手抒我情”。

【教学重点】

让学生用各种感官去感受事物，在感悟中引导学生联系到生活实际之中。

【教学难点】

让学生将观察到的事物以及个人对事物独特而真实的感受有机地融合在一起，不拘形式地表达出来。

【教学准备】

（1）学生查找相关资料。

（2）苹果4个。

（3）幻灯片27张。

【课时安排】

一课时。

【所教年级】

四至六年级。

【教学过程】

（一）创设情境，趣味导入

师：同学们，今天老师要带大家去见一个可爱的“苹果娃娃”。（板书：苹果）

师（出示幻灯片苹果娃娃）：你们看，这就是“苹果娃娃”。它看上去挺可爱的，一定是水果王国的宠儿。可是，老师这里还有一个被遗忘了的苹果，今天我也把它带来了。请大家仔细看这个“苹果娃娃”，你发现了什么？（出示幻灯片）

（二）启发引导，学会观察

师：“苹果娃娃”沉默寡言、茶饭不思，它很烦恼啊！可它究竟有什么烦恼呢？请大家自由地说。

（引导学生用简洁的语句概括，并归纳为主人不喜欢、伙伴嘲笑、家庭变故、身患重病等，再追根溯源，帮助“苹果娃娃”找到烦恼的根源——认识自己，并引导学生观察）

师：同学们，请你们认认真真地看一看、说一说老师幻灯片中的这些苹果给你留下什么印象。

1. 看一看

师：同学们有没有发现刚才几位同学的回答有什么共同点？（形状、颜色）

师：是的，你们听得很仔细。这两个共同点，即形状和颜色都是我们用眼睛看到的。

温馨提示1：用自己的眼睛、用心去看事物的每一个方面。

好词佳句（视觉）

例1：树上挂满了苹果，远看像红霞一片，近看似红灯点燃。

例2：苹果红通通的，像穿着一件红色的外衣，看上去非常漂亮。

赏析

① 说一说你喜欢哪一句，为什么。

② 提醒学生注意观察顺序：由远及近。

③ 仿照例句2说一说“青苹果”：青苹果绿绿的，像穿着一件绿色的纱衣，美丽极了。

2. 听一听

师：它有没有声音，会有什么动静呢？（手敲苹果、咬苹果、苹果落地、丰收时的碰撞等）

师：同学们轻轻松松地听出了那么多的声音（也包括拟人化的声音），希望大家在以后的写作中能把自己听到的声音写进文章中去。

温馨提示2：用自己的耳朵、用心去听每一个事物的声音。

好词佳句（听觉）

例1：秋天，硕大的苹果挂满枝头，好像在对路人说：“瞧，我多美，快来尝一尝吧！”

例2：“哼，瞧你那干瘪的身子、发青的脸，主人怎么会喜欢你呢？”红苹果高傲地说。

3. 嗅一嗅

师：请你们闻一闻，这个苹果有没有味道。

师：希望大家在以后的写作中能把自己闻到的气味写进文章中去。

温馨提示3：用自己的鼻子、用心去闻眼前出现的一切事物。

好词佳句（嗅觉）

果园里的苹果像山一样堆着，又像繁星一般在闪烁，散发着醉人的甜香。

4. 摸一摸

师：大家都摸过苹果吧？有什么感觉吗？能说一说自己摸苹果的感觉吗？

师：希望大家在以后的写作中能把自己触摸到的感觉写进文章中去。

温馨提示4：用自己的双手、用心去触摸生活中一切能摸到的东西。

好词佳句（触觉）

光溜溜、像小弟弟玩的小皮球一样光滑。

5. 尝一尝

师：大家看过、闻过、摸过苹果后，想不想尝尝这苹果的滋味如何呢？

师：刚才有没有把品尝到的感觉写下来呢？希望大家在以后的写作中能把自己尝到的滋味写进文章中去。

温馨提示5：让我们用嘴巴去品尝生活中所有的美味，并记住这些美好的滋味。

好词佳句（味觉）

果肉又黄又脆、果汁非常甘甜、又酸又甜。

赏析：

① 说一说你刚才是怎样吃苹果的。（一大口——很爽口、很好吃；一小口——细细品味）

② 提醒学生注意观察顺序：由外及内。

③ 仿说练习：谁能用自己喜欢的词语说一段话？

6. 想一想

师：看到大家刚才品尝苹果时那美滋滋的样子，老师真是羡慕。老师也想品尝一下，行吗？请同学们认真观察，看看老师品尝苹果时和大家有什么不一样的地方，想一想为什么。

① 老师当场削苹果皮，并提问：平时大家怎样吃苹果？

② 现场示范苹果横切面的景象——苹果里面有五角星，并提问：这样的景象以前看见过吗？为什么？

③ 相机引导，归纳总结：从老师吃苹果的方式，你想到了什么？明白了什么？（打破常规、创意思考）

7. 说一说

苹果在生活中的作用和用途。（蛋糕、苹果派、糖果、美酒、饮料、果汁等）

温馨提示6：让我们多角度观察，有创意地思考。

通过联系生活实际，把从书籍、报纸杂志、电脑等搜集到的相关资料巧妙地运用在文章中。

8. 总结

观察就是用各种感官多角度仔细察看客观事物或现象。（板书：学会观察）

（三）联系生活，展开想象

1. 选择感兴趣的事例，说一说、议一议

师：刚才同学们在品尝苹果时想到了些什么？

生1：我想到了有好吃的苹果时应该分给爸爸妈妈和爷爷奶奶吃！

生2：我想到了问一问这么好吃的苹果到底是怎么种出来的。

生3：我想到了这么好吃的苹果应该将它推荐给全世界的人们一起分享！

生4：我想起了一件关于苹果的往事。

生5：我想回家之后像老师一样削苹果，尝试一下劳动的乐趣、创新的乐趣。

生6：我想起了回家要做关于苹果的小手工：水果拼盘、沙拉、雕刻等。

2. 创设情境，大胆想象

师：大家刚才说得都很好，可是“苹果娃娃”还有些烦恼，不知大家能解决吗？

情景设计1

师：苹果对身体这么有好处，但好多人不爱吃它，你能把对它的喜爱之情写出来劝导他人吗？

生1：我要介绍苹果的特点和它在生活中的作用。

生2：我想写苹果的保健作用。

生3：我想介绍苹果的生长过程。

情景设计2

师：苹果长在树上十分引人喜爱，可是农民看着大片的苹果树担心有人随便采摘怎么办？你能帮助农民写一块打动人的警示牌吗？（幻灯片展示苹果种植园的图片）

生1：尚未成熟，请勿采摘。

生2：硕果累累，手下留情。

情景设计3

师：苹果丰收了，农民又发愁了：卖不出去怎么办？你来给苹果写句广告词，谁写得好就采用谁的。（幻灯片展示苹果丰收的场面，渲染气氛）

生1：苹果美，苹果脆，苹果人人都喜爱。

生2：物美价廉，走过路过，千万不要错过。

生3：送人苹果，手有清甜。

情景设计4

师：想象你自己变成了一个可爱的"苹果娃娃"，请把你的愿望、你的理想写出来。（板书：大胆想象）

（四）讨论选材，拟订题目

师：请同学们从上面的材料中任选一个自己喜欢的材料或方面，确定文体及主要内容。例如，"苹果娃娃"的自述、苹果的故事、"苹果娃娃"的感谢信、我爱苹果、"苹果娃娃"的哭泣、关于苹果的广告设计等，并拟订一个有创意的题目。同学可以自由合作，也可单独进行。（板书：创意写作）

（五）自由作文，抒写真情

提醒学生写作时注意做到言之有物、言之有序、言之有情。

写作小锦囊：

写作问题及内容

文体	主要内容	写作形式
记叙文	苹果的故事、我爱家乡的苹果、我喜欢的水果、我学会了削苹果皮、难忘的一节课	个人
拟人、自传	"苹果娃娃"的自述（哭泣）	个人
说明文	苹果作用大、苹果家族	个人
童话剧	红苹果和青苹果的对话	小组合作
书信	"苹果娃娃"的感谢信	个人

（六）板书设计

观察·体验·倾吐

——苹果

学会观察：言之有物

大胆想象：言之有序

创意写作：言之有情

观察身边的景物
——美丽的凤凰树

广东省惠州市第十一小学 任 萍

【设计理念】

本作文教学课件共设计了36张幻灯片，旨在通过生动形象的课件激发学生的兴趣，消除学生对作文的畏惧心理，体现了作文教学的开放性。

（1）通过生动形象、贴近生活的幻灯片，培养学生留心观察生活，感受生活中的事物，并且以自己全部的心思、全部的真情仔细体味人生，不断拓宽写作渠道，懂得“生活是作文的源头”，最终达到作文和生活的完美统一。

（2）本次写作是自由作文。《语文新课程标准》指出：“写作教学应贴近学生实际，让学生易于动笔、乐于表达，应引导学生关注现实、热爱生活，表达真情实感。”课堂上，笔者指导学生用自己的眼睛去观察、用自己的心灵去感受美丽的凤凰树，然后将自己的所得付诸语言文字。

（3）生活作文化，作文生活化。引导学生在作文中表达自己的真实感受、真情体验、真正乐趣，鼓励学生写自己想象的事物，“我手写我口，我口言我心”，促使学生把写作当作一件快乐的事去想、去做，让学生从生活中体验写作的乐趣，从写作中体验生活的乐趣。

【教学目标】

（1）激发学生的写作兴趣，培养学生的观察能力。

（2）引导学生学会联系现实生活，多角度进行创意思维。

（3）培养学生独立构思、认真修改等写作的良好习惯。

（4）让学生展开适当的想象，不拘写作形式，有创意地“我手写我心”“我手抒我情”。

【教学重点】

学会多角度观察景物的不同方法。

【教学难点】

能够恰当地确立观察点，根据不同的观察方法进行观察，并能综合运用。

【教学准备】

（1）学生查找相关资料。

（2）教师在不同时期拍摄的照片。

（3）幻灯片。

【课时安排】

一课时。

【所教年级】

四年级。

【教学过程】

（一）激情引趣，导入课题

熟悉的校园，一草一木皆有情。滚动播放学校全景图、局部图和重点图——高大的凤凰树。

（二）看一看，唤起共鸣

从远处、近处、高处、低处、全貌、局部等角度展现凤凰树的不同景象，激发学生的兴趣和对学校的热爱。

温馨提示1：

① 观察方法：视觉（用自己的眼睛去看，用心去体会事物的每一个方面）。

② 观察角度：由远及近、由上到下、由整体到局部。

好词佳句（视觉）

（1）好词：绿叶红花、郁郁葱葱、遮天蔽日、枝繁叶茂。

（2）好句：

① 春天到了，凤凰树在春风中摇曳，绿了嫩芽，绿了树梢，红了花蕊，红了花苞，召唤来顽皮可爱的孩子们。

②一根根枝杈，好像是凤凰树的翅膀，尽力地生长，尽力地向上。

小试牛刀——我会写

（1）在我们校园的大操场旁，有几棵 ________ 凤凰树。远看 ________ ，近看 ______ ，日日夜夜都像战士一样守护着校园。

（2）春天，凤凰树 __________ ；夏天，凤凰树 __________ ；秋天，凤凰树 __________ ；冬天，凤凰树 __________ 。

（三）说一说，加深印象

漫步在校园，仔细观察凤凰树的不同景象。（滚动播放学生观察凤凰树时的照片，激发写作的真情实感）

温馨提示2：

①整体：高10—20米，树冠平坦呈伞形。

②局部：

树干：树皮粗糙，灰褐色。

树枝：分枝多而展开。

树叶：又细又小，呈扁圆形，像羽毛一样整齐地排列着。秋冬时节，小叶如雪花般轻飘飘地降落。

花朵：花朵艳红且带黄晕，满树如火，散布到树冠，犹如蝴蝶飞舞。因为“叶如飞凰之羽，花若丹凤之冠”，故取名凤凰。

荚果：落花后结出一条条深褐色的长形豆荚果，微呈镰刀形，扁平。

好词佳句（视觉）

凤凰树的叶子很细小，两头尖尖的，扁圆形的叶子一片片、一层层，密密麻麻的，整棵树像一把撑开的绿伞。

小试牛刀——我会写

（1）下课的铃声“叮铃铃”地响起，操场上顿时热闹起来。凤凰树下，我和同学 ________ 。有的 ________ ，有的 ________ ，还有的 ________ 。凤凰树给校园带来了无限的生机。

（2）花开时，一朵朵、一团团、一簇簇，像 ________ ，像 ________ ，像燃烧的火焰。花儿与绿叶相映成趣，像一只展翅欲飞的“火凤凰”。

（四）听一听，引发联想

滚动播放凤凰树不同姿态的特写镜头，激发学生丰富的想象力。

温馨提示3：

① 观察方法：听觉。（用自己的耳朵去听每一件事物的声音）

② 观察角度：由表及里、由动态到静态。

好词佳句（听觉想象）

（1）春末夏初，凤凰树开满了火红的花，好像在对人们说："瞧，我多美、多漂亮啊！"

（2）听！凤凰花在唱歌、在演奏，甚至在欢呼、在喊叫。小蜜蜂能听见，花蝴蝶能听见，那只七星瓢虫也能听见。

小试牛刀——我会写

（1）一阵微风拂过，凤凰树________，大地是舞台，风儿为之伴奏，一首动听的交响乐正在演奏，多么________，多么________。

（2）小雨淅淅沥沥地下着，像______，像______。一片凤凰树的叶子就像一艘绿色的小船，风儿一吹，滴落的雨滴就在绿色的小船里尽情地漂荡。

（五）想一想，激发想象

滚动播放美丽的凤凰树不同角度的图片，思考：看到美丽的凤凰树，你想到了什么？

好词佳句1

秋天到了，"秋风娃娃"跑来了，她跟凤凰树叶亲一亲。瞧！那绿叶变成了一枚枚金币，秋风一吹，那金币摇落一地，又被抛起。啊！我的眼前仿佛出现了满天飞舞的金色蝴蝶，一只只，多么美丽，多么像校园里天真烂漫的孩子们啊！

温馨提示4：让想象插上翅膀，抓住事物的外部和内部特点。

① 绿叶：旺盛的生命力，无私奉献。

② 粗壮的枝干：顽强不屈、坚忍不拔的意志力。

③ 大树的一家：每个人的家。

好词佳句2

每一朵凤凰花就是一个家，舒适而美丽，永远飘散着一种香味，如母亲的气息。家里常有“客人”来访，有蝴蝶，有蜜蜂，留下一支歌，留下一个梦。梦见一个个甜蜜的果实，唱着歌谣，挂在枝头。一朵花就是一个家，这个家很富有。

温馨提示5：让想象插上翅膀，赋予新的事物以鲜活的生命力。

① 大树的家：我们的家（温馨、和睦）。

② 大树就像一本书：人生就像一本书。（嫩芽→参天大树——知识渊博、人生充实）

好词佳句3

春天来了，凤凰树长满了绿芽。我欢迎他们，大声地呼唤着：快快长大，快快长大，大树的孩子又回家了。秋风起了，树叶纷纷落下。我舍不得他们，在心中默默地想：别飞远了，别飞远了，大树才是你们的家。

温馨提示6：让想象插上翅膀。对眼前和过去的事物深入思考，再造出新事物，使之具有美感和内在的哲理。

① 春天的嫩芽：绿色的生命。

② 秋天的落叶：为新的生命孕育希望。

③ 春夏秋冬：生命的轮回、漫漫人生旅途。

（六）明要求，巧点拨

（1）通过观察校园的凤凰树，确立观察角度，并掌握一定的观察方法。

（2）运用多种观察方法，能够突出校园凤凰树的特点。

（3）初步学会按照一定的顺序进行写作。

（七）多角度，创意写

写作题目及角度

题目	内容	顺序	观察角度	观察方法
《美丽的凤凰树》 《我要高声赞美你——凤凰树》 《我爱美丽的凤凰树》	高大、茂盛、美丽，充满无限的生机	总分总； 干、杈、叶、花； 春、夏、秋、冬； 早、中、晚	整体——局部； 远——近； 高——低； 静态——动态； 晴天——阴天	五官法； 五彩法

《动物是人类的好朋友》教学设计

广东省惠州市第十一小学　任 萍

【设计理念】

《语文新课程标准》指出："写作是运用语言文字进行表达和交流的重要方式，是认识世界、认识自我、进行创造性表述的过程。"写作能力是语文素养的综合体现。写作教学应贴近学生实际，让学生易于动笔、乐于表达，引导学生关注现实、热爱生活，表达真情实感。

在写作教学中，教师应注意降低要求，不断激发学生的兴趣和自信心；应注重培养学生观察、思考、表现等能力；要求学生说真话、实话、心里话，不说假话、空话、套话；激发学生展开想象和幻想，鼓励学生写想象中的事物。教师还应该为学生的自主写作提供有利条件和广阔空间，减少对学生写作的束缚，鼓励学生自由表达和有创意地表达，提倡学生自主拟题，少写命题作文。

本节课大胆尝试了合理构建课程资源的结构，改变了简单"教教材"的方式，采用"用教材教"。在科学把握教材的基础上，灵活利用教材资源（教科书、教学参考书、配套读本、教学挂图、工具书、学生的学案等），立足学生的身心特点，通过创设语文学习环境，引导学生观察、感悟和积累，培养和发展学生的语文素养，满足时代发展的多样化需求，实现课程资源价值的超水平发挥。

在整个小学阶段的写作教学要求中，各个年级阶段都对"动物"写作有不同的要求。针对学生的生活实际，为凸显各学段写作的不同要求，整合写作的教学资源，将学生的课内外知识关联起来，本节课进行了大胆的尝试，为师生提供了一定的教学参考。各年级的教师可以从本节课的教学中受到启发、得到借鉴，为写作教学做一定的探究。

本节课的设计立足于构建“大语文观”“语文课程资源的开发和利用”“以生为本”的教学理念，围绕“动物是人类的好朋友”这一主题，通过让学生积极参与“可爱的动物、有趣的动物、奇特的动物、凄美的动物、关爱动物”等学习内容和“看一看、听一听、说一说、议一议、评一评”等开放式的学习方式，让学生自主探究、学会观察、乐于表达，熟悉掌握动物的特点，了解动物的生活习性，感知动物丰富的情感，学会关爱保护动物，激发学生对动物、对社会、对生活的热爱，促进学生的发展，体验到生命的本能与快乐，培养人文情怀，为学生的终身学习奠定基础。

【教学目标】

（1）培养学生对动物的喜爱之情，能够运用多种观察方法，按照一定的顺序和角度写好动物的外形特点和生活习性。

（2）能够采用一定的说明方法比较准确地介绍动物。

（3）能够比较全面、客观地认识人与动物的关系，懂得保护动物的重要性，懂得人与自然和谐的重要性。

（4）感知动物世界的人文情怀，身体力行地做到“关爱和保护动物从我做起”。

【教学重点】

（1）学会观察，掌握观察的方法和顺序。

（2）能够较灵活运用所学的说明方法，使文章具有一定的科学性、准确性。

（3）感受动物的人性美，学会比较全面、客观、公正地看待和评价问题。

【教学难点】

让学生将课内外的科学知识融为一体，按照一定的顺序和科学的说明方法进行写作；感受动物的人性美，学会比较全面、客观、公正地看待和评价问题。

【教学准备】

（1）相关的生活照片、《动物奏鸣曲》、视频资料等。

（2）学生查找的相关资料。

（3）声像、视频等。

（4）幻灯片课件。

【课时安排】

两课时。

【所教年级】

四至六年级。

【教学过程】

（一）可爱的动物——我会看

1. 我们都爱小动物

滚动播放学生生活照。

2. 看图片

“猜猜我是谁”。重点训练学生从局部到整体的观察顺序。

海豚

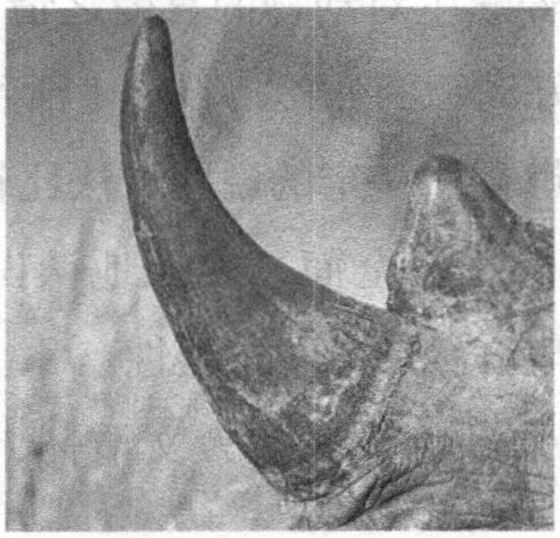

犀牛

3. 听声音

“猜猜我是谁”。分别播放小狗、青蛙、公鸡、小猫的叫声，训练和培养学生的听力，激发学生对动物的喜爱之情。

小狗

青蛙

公鸡

小猫

4. 总结方法，学会观察

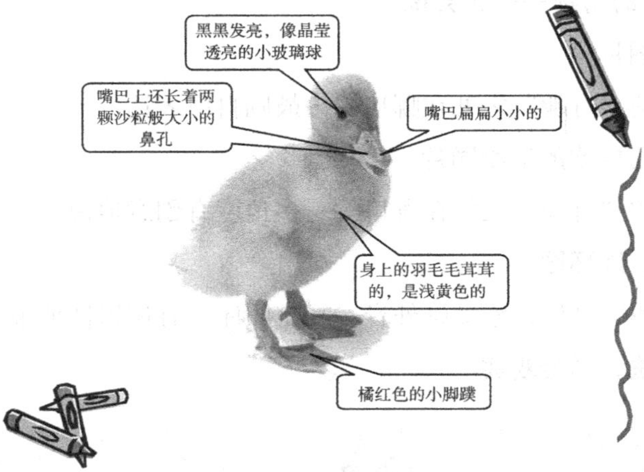

小黄鸭

（1）抓住外形特点进行观察：头部、四肢、尾巴、毛发、身体等。

（2）观察方法：视觉、听觉、嗅觉、触觉等，用心感受事物的每一个方面。

（3）观察角度和顺序：动态和静态相结合，由远及近、由上到下、由整体到局部。

5. 好词佳句

外婆家养了一群小鸭子，它们真惹人喜爱。小鸭子浑身都长着浅黄色的羽毛，圆圆的头上长着一对又圆又大的眼睛。它们那橘黄色的嘴巴扁扁的，嘴上还长着两个小孔，那是它们的小鼻子。小鸭子背上长着一对翅膀。尾巴向上微微翘起，就像小木船的船尾。它们的脚掌是红色的，上面还有纹路，脚趾之间还有一层蹼。

6. 小试牛刀——我会写

（1）我在五六岁的时候曾经养过两只小鸭子，它们长得非常可爱，脖子________的。（脖子）

（2）双眼黑黑发亮，像________，好像渴望我________。（眼睛）

（3）嘴巴________的，上面还长着两个沙粒般大小的鼻孔，微微张开，好像要________。（嘴巴）

（4）肚子的下方长着一对橘红色的小脚掌，________。（脚）

（5）身上的羽毛________，摸起来舒服极了。（毛发）

（二）有趣的动物——我会说

1. 看单幅图片

说说动物的“有趣”之处在哪里——鼓励自由表达。

2. 选择自己喜欢的动物图片

说说动物的“有趣”之处在哪里——多角度有创意地说。

3. 看单幅、连环图

根据“有趣”之处，添加画外音——有顺序、有逻辑性地说。

4. 总结方法，学会观察

宝贝们，别怕！一个一个来

怎么样，准备好了吗

看我跳得多高啊

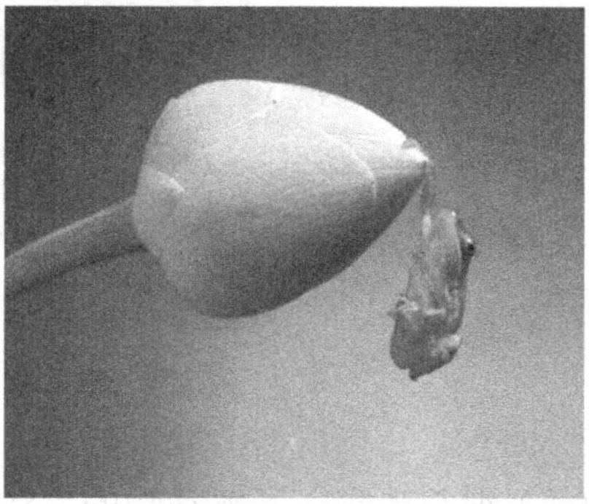

看！我的表演怎么样

咦，这是什么

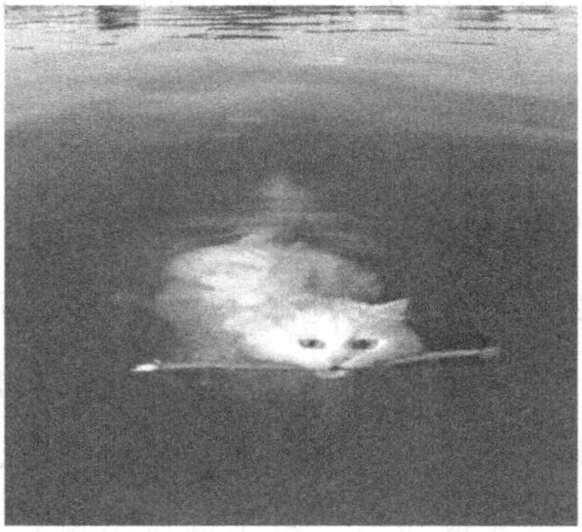

看！我终于学会游泳了

妈妈，你能过来一下吗？把我从这里弄下来好吗

快把我举起来！一、二、三……加油

喂，能让我保留点隐私吗

（1）细心观察，了解动物的生活习性，如喜好、活动、饮食、脾气、性格、睡眠、生活环境等。

（2）动物也有情绪和感情，学生巧妙运用多种修辞手法，写出动物和人类的情谊。

5. 好词佳句

片段一：生活习性。

松鼠不躲藏在地底下，经常在高处活动，像鸟类似的住在树上，满树林里跑，从这棵树跳到那棵树。它们在树上做窝、摘果实、喝露水，只有树被风刮得太厉害了才到地上来。在田野里，在平原地区，是找不到松鼠的。它们从来不接近人的住宅，也不待在小树丛里，只喜欢大的树木，住在高大的树上。（松鼠的活动）

——布丰《松鼠》

片段二：对小动物的感情。

这白鹅是一位即将远行的朋友送给我的。我抱着这雪白的“大鸟”回家，放在院子里。它伸长了头颈，左顾右盼。我一看这姿态，想道：“好一个高傲的动物！”（赞美白鹅）

——丰子恺《白鹅》

（三）奇特的动物——我会想

1. 观察温馨感人的另类动物图片

感受动物之间的和谐共处。

咦，这是怎么回事

今天我来给你们上课

怎么样，我们的表演精彩吗

2. 观察自然界的另类动物图片

感受动物之间物竞天择、适者生存的自然法则，学会客观、公正地看待问题。

啊——啊，谁来救我呀

跑啊，快跑，看谁赢

3. 总结方法，学会观察

（1）了解动物的本领和特长。

（2）采用多种说明方法介绍动物，如举例子、打比方、列数字、做比较等。

4. 好词佳句

（1）片段一。

目前已知最大的鲸有十六万公斤重，最小的也有两千公斤。我国发现过一头近四万公斤重的鲸，约十七米长，一条舌头就有十几头大肥猪那么重。它要是张开嘴，人站在它嘴里举起手来还摸不到它的上腭，四个人围着桌子坐在它的嘴里看书还显得很宽敞。

（2）片段二。

从古巴引入的牛蛙可算是蛙中的“巨人”，体长可达20厘米。它那“哞哞”的鸣声很像牛叫，所以叫牛蛙。其实我国也有体型很大的蛙，如生活在江南稻田中的虎纹蛙，身长超过12厘米，鸣声犹如狗叫。

（四）凄美的动物——我会学（拓展性学习）

1. 感动中国——动物（部分精彩情节回放）

（1）“英雄母亲”花花。

“英雄母亲”花花

镜头回放：2007年7月中旬，一场暴雨袭击重庆，长江江水猛涨，一只名叫花花的流浪狗每天在岸上搜寻食物。它吃饱以后，顶着湍急的洪水，游一公里赶到一个已经被洪水淹没大半的孤岛上，给刚出生的四个狗宝宝喂奶。在热心市民的帮助下，四个狗宝宝承受住了洪水的考验。

颁奖辞：英雄母亲，楷模啊！

（2）舍命救子的画眉鸟。

舍命救子的画眉鸟

镜头回放：某日，在成都永丰路边上演了一场生死离别的感人大戏，这场戏的主角是三只画眉。小鸟翅膀受伤，躺在马路中央动弹不得，周围是来来往往的汽车。为了拯救孩子，鸟爸爸和鸟妈妈盘旋在旁边守了几分钟，奋不顾身地用爪子抓起孩子……

颁奖辞：父爱如山，母爱如水。

2. 总结方法，大胆想象

（1）认真观察，表现生活。

（2）围绕中心，大胆想象。

（3）情节合理，有现实感、现场感和科学性。

3. 好词佳句

动物令人感动，也令人心痛。发生在动物身上的许多事让人类感到惊奇、动容、汗颜。我们面对动物凄美悲壮的行为时，能够唤醒尘封已久的良知，织补爱心缺失的精神世界。人类啊，请拒绝冷漠、拒绝无情，请不要以“忙碌”为借口，请用“真诚、善良、美好”迎接每一天，关爱身边的一切！

4. 小试牛刀——我会写

我会写“保护动物”的广告词。

（1）关爱动物的生命，走进动物的世界，____________________。

（2）地球是地球上所有生物共有的，____________________。

（3）地球是我家，______________________________。

（4）生命若比邻，______________________________。

（五）凄美动物——我会评

1. 情感升华

（1）看，人类正在……

（2）听，动物正在哀号……

（3）播放保护动物的宣传片，介绍保护动物形象大使——成龙。

（4）想：世界灭绝动物的墓地（诗歌、墓志铭、墓碑等图片）。

2. 好词佳句

（1）保护野生动物就是保护人类自己，让我们行动起来吧！

（2）每一种动物都是童话的精灵，赋予人类美丽的遐想。

（3）每一种动物都是自然的天使，呼唤人间祥和的世界。

3. 总结方法，创意写作

（1）巧妙合理地运用课内外积累的知识。

（2）设身处地与主人公同呼吸、共命运。

（3）变换多种文体进行写作。

4. 小试牛刀——我会写

（1）美丽来自生命，当生命枯竭，____________；

生命来自热爱，当生命已成过去，____________！

（2）幽静的深林，是可爱的鸟儿给了它生机；清澈的溪水，________；翠绿的草地，________。动物的一切为大自然增添了多少迷人__________，多少美妙__________。人类啊，__________！

（六）创意写作

写作小锦囊，如下表所示：

写作文体及主要内容

文体	主要内容（参考题目）
记叙文	我喜欢的小动物、______请让我来
自传	______在呻吟（悲歌）、我的家在哪里
说明文	保护动物，从我做起；人类，请停止______
想象作文	小鸟和大树爷爷的对话、小红鱼历险记
书信	致人鱼姐姐的一封信、给人类的一封信
建议书	给环保局局长的建议书
调查报告	宠物狗的饮食情况调查

（七）板书

作文活动课

动物是人类的好朋友

学会观察

大胆想象

创意写作

【教学反思】

《语文新课程标准》指出："学生是语文学习的主人。语文教学应激发学生的学习兴趣，培养学生自主学习的意识和习惯，为学生创设良好的自主学习的情境，尊重学生的个体差异，鼓励学生选择适合自己的学习方式。"因此，本节课的设计充分体现了"以人为本""因人而异""分层递进"的教学理念，突出了教学过程的"六性"，即民主性、开放性、合作性、探究性、体验性和人文性，为学生的发展奠定了基础。

1. 注重调动学生表达情感的主动性

正所谓"不愤不启、不悱不发"，爱看动画片、喜爱小动物、喜欢比赛等都是学生的天性，不少学生还有养宠物的经历，所以本节课的话题能够充分激发学生的写作激情，让学生有话可说、有情可表，其学习的"兴奋点"得到尽情释放，达到"乐在其中""乐此不疲"的效果。

2. 引导学生学会倾听和表达

由于本节课的设计立足于生活，立足于学生感兴趣的话题，因此课堂气氛非常活跃，学生的情感得到尽情的释放。但是，如何“学会倾听”“学会表达”就显得更为重要，教师的教学智慧和策略的运用是保证整节课高质量完成的前提。

3. 减少束缚，自由表达

教学时改变传统的作文教学模式（教师命题——讲解习作要求和文体结构——提供范文，分析写作方法——模仿范文进行写作），让学生参与选择素材，自主构思起草，领悟写法，自主修改和评赏过程。打破框框，淡化文体意识，把写作指导渗透在作前谈话、作后评赏之中。学生在宽松和谐的氛围中无拘无束、敢说敢写、自由奔放地进入写作状态，把课堂当作一个情感体验与交流的场所，把写作当作情感倾诉与交流的需要。

《舌尖上的家乡美食》教学设计

——六年级作文训练

广东省惠州市第十一小学　任 萍

【设计理念】

《语文新课程标准》强调，要重视语文的综合性学习活动，以语文学科为依托，注重语文学科与其他学科、学生生活、社会生活之间的整体联系，努力构建开放的、富有生机活力的“大语文观”，以现实性、真实性、生活化问题为内容，以活动为主要形式，促进学生综合发展，全面提高学生的语文素养。

本教学设计依据“建构主义”和“多元智能体系”的相关理论，突出“以生为本”的理念，大胆尝试富有建设性、新颖性、综合性、灵活性的教材整合和建设，立足于学生的生活世界和经验，以实践性、开放性、自主性、创造性、趣味性和多元性为主要特征，不断拓展学生的自主空间，培养学生关注生活、关注社会、关注历史、关注传统文化的情感。通过课堂上有目的、有组织、有计划的多种活动，使课内外生活与学生的真情实感融会贯通，教会学生在活动中学会选择、学会合作、亲历体验、自主探究，在活动中获得情感体验，形成良好的、积极的学习态度，促进学生学习能力和语文素养的提高，尤其是降低了写作难度，激发了学生表达的欲望。

【教学目标】

（1）了解家乡的特色美食及饮食文化。

（2）通过多方面介绍家乡的特色美食，学习条理清晰地说明事物特征和道理的方法。

（3）观察生活，细心搜集，在活动中提高口语表达能力和实践探究能力。

（4）通过介绍家乡饮食文化，唤起学生热爱家乡和节约粮食的情感。

（5）学会观察、记叙、描写、评价等方法。

【教学重点】

（1）在活动中培养学生的口语表达能力和实践探究能力。

（2）学习条理清晰地说明事物特征和事理的方法。

【教学难点】

能够创造性地运用语文知识，形式多样地展示学习成果。

【教学准备】

1. 教师准备

（1）查找有关家乡特色饮食的资料。

（2）中央电视台纪录片《舌尖上的惠州》。

2. 学生准备

（1）体验生活，品尝家乡特有的美食。

（2）了解家乡美食的制作材料、过程以及和美食有关的历史典故、趣事等。

【课时安排】

两课时。

【所教年级】

六年级。

【教学过程】

（一）情境导入，激发情感

播放中央电视台纪录片《舌尖上的惠州》，让学生谈感受，激发学生热爱家乡的思想感情。

（二）体验生活，唤起真情

播放课前制作的课件：学生或家人制作的美食的照片、相关视频资料等。

（三）现场体验，抒发真情

品尝个别学生带来的家乡美食，并分享美食及制作过程等。

（四）体验共鸣，感受美食文化

品尝个别学生带来的美食，并分享相关的历史典故。

（五）赞美家乡，描绘美好

（1）写广告词，赞美家乡美食。

（2）召开推广会，分享家乡美食。

（六）写作方法训练

1. 五官法：视觉、听觉、味觉、嗅觉、触觉

（1）写出美食的“色、香”等特点。

（2）写出品尝美食的动作、味道、感受。

（3）写出其他人对美食的评价。

2. 五彩法：五颜六色、色彩渐变

（1）观察美食独特的颜色。

（2）观察美食颜色的变化：里外不同、生熟不同等。

（3）写出美食颜色对食欲的影响。

3. 学会记叙和描写

（1）正面记叙描写。

① 写出美食的准备材料、制作方法和过程。

② 写出美食的营养价值。

③ 写出美食的来历、典故等。

④ 写出对美食创意的改进方法。

（2）侧面记叙描写。

① 写出其他人对美食的评价。

② 写出美食受欢迎的程度。

③ 写出推介美食的广告词。

4. 学会分享

（1）品尝美食，精彩分享，如趣事、难忘的镜头等。

（2）最佳美食推介广告词。

（3）活动的意义。

① 懂得了劳动的乐趣。

② 感受到了分享的快乐。

③ 了解了美食文化的源远流长。

课外阅读拓展链接：

舌尖上的故乡

巴黎燕的世界

一首家乡小调，一张故园的旧照，一声故土的乡音，都会把人带回从前的时光。

因着连接了一个特别的地方——故乡，熟悉的音乐、画面和口音被抹上一层特别的颜色——亲切感。其实，一份特别的食物也会将过往的岁月带到眼前，舌尖借着酸甜苦辣，把遥远的家乡聚焦在眼前。

节假日时，离乡背井的人们常说：“每逢佳节倍思亲。”对于我来说，是佳节里倍思亲的菜！

儿时记忆中的春节，对我最大的意义就是能有新衣穿，能好好地吃一顿。

父母的工资与他们周围的人比较起来算是高的，如果只是家庭的衣食住行，在开支上还是绰绰有余的。只是父母两边的穷亲戚太多了，他们遇有节日都要来到家中吃上一顿，还常常再住上几个晚上。

每个家庭，即使再穷，在过年的时候都要极尽所能做上几样菜，借着春节让全家改善一下生活。

我们故乡的传统，春节有两个菜是不能少的，那就是鱼和肉丸子，我们湖北叫圆子。再穷的家庭除夕前这两样都不可缺少。吃鱼，大江南北都一样，图个吉利，“年年有余”。

肉丸子，因为形状是圆的，象征家庭的团圆，也希望新的一年一切圆圆满满。所以除夕之前的几天，父母，特别是我的外婆和妈妈都非常忙碌，打扫房屋、换洗衣被、腌制鱼肉、准备像样的过年食物，最重要的是“圆子”。

那个时候，物资缺乏，为了买到做肉丸子的五花肉，爸爸天没亮就起床去菜场排队。

做肉丸子是个复杂又相当辛苦的活儿，因为要先把五花肉切成一块块，然后双手持刀，把案板上的肉块剁成碎碎的。那个年代没有绞肉机，全靠双手。

做几百个“圆子”的肉末，需要爸爸和妈妈轮流在砧板上挥舞手臂。刀和砧板撞击的声音很有节奏，从厨房穿过贴着吉祥字画的门窗，飘到外面。正在玩耍的我们，在寒冬腊月里哈着冷气、流着鼻涕，跑进跑出、欢天喜地，异常兴奋地期待等了一年的美味佳肴，也不知父母在那儿剁肉站了多久。直到自己做了父母，做饭烧菜时，才能想象父母当年的辛苦。

把肉剁碎后还有很多工序，要放上香油、豆油、盐、酱油、葱姜蒜和其他作料，然后搅拌。拌好肉馅需力气加技术。肉丸子做出来能蓬松柔软、润滑爽口，就全靠搅拌的功夫了。

这道工序常常是爸爸来做。没有搅拌工具，爸爸的双手就是“机器”。孩子们看到就觉得很好玩，根本不知道这是非常吃力辛苦的，常常腰酸背疼。我还要求做过一次，把手洗好，卷起袖子，伸到肉盆里乱捏一气，站了一会儿就觉得又累又无聊，放弃跑开了。可是爸爸每次做这些都很有耐心，看着孩子们高兴，他总是乐呵呵的。

然后是妈妈上场，把肉馅用拳头挤出均匀的圆形肉丸。外婆在一边已经准备好油锅，待她向妈妈示意温度合适时，妈妈就把挤出的肉丸子一个个轻轻滑进油锅。妈妈像挂帅领兵的穆桂英，肉丸子像兵卒，被妈妈调教得服服帖帖，一个个从她手中顺从地溜进锅里。

外婆在锅边指挥火候，当粉色肉圆子从油锅漂起，变成金黄灿灿的，外婆就用一个大漏勺一个个捞起来。黄灿灿、香喷喷的肉丸子，让我们这些孩子垂涎欲滴。

“来，帮忙看看咸淡怎么样？”外婆很给我们面子，她用筷子夹一个肉丸子给我们解馋，可是也不能多吃、不能多要。等到除夕年夜饭或者是初一有亲戚来拜年的时候，我们就可以和大家一起吃肉丸子汤面了。

除夕当然会有一盘肉丸子，然后是春节开始的亲戚们拜年。我们和亲戚人手一碗汤面，在热气腾腾、香喷喷的碗里漂荡着一个个圆滚滚、黄灿灿的肉丸子，好吃、好看又是好兆头，期待新年一切顺利圆满。

拜年的亲戚一批批来，妈妈随时烧水下面，一批批准备，用预先备好的肉丸子做汤面接待客人，即使不是吃饭时间。有一天，看着出出进进的亲戚，我终于明白为什么外婆和妈妈用那么多时间做那么多肉丸子：待客方便又显得隆重。因为能吃上肉，在那个年代还是比较奢侈的。

从年初到岁末，童年的盼望就是等到春节能穿上一件新棉衣，饱餐一顿鸡鸭鱼肉，种种的艰辛困苦仿佛都在舌尖上下的翻滚中被吞咽到五腹六脏看不见的角落里了。

现在人们可以顿顿鸡鸭鱼肉，却常常失去盼望，莫名惆怅。难道是我们离开故乡的时候，不小心把那份热气腾腾的盼望丢在成长的路上了吗？哪条路可以带我们寻回那期初的盼望呢？

有时候，食物似乎可以带着我们做一次穿越时空的小小旅行，把消失在林立高楼商铺中的家乡重新寻回，带着它热气腾腾、酸甜苦辣、兴致勃勃的盼望，在舌尖上述说往日的千姿百态。

活动方案实例

——惠州美食甲天下

广东省惠州市第十一小学　任 萍

在祖国辽阔的土地上，东江流域虽是岭南一隅，然而作为广东客家主要聚居地之一的惠州，却早已闻名遐迩。独特的客家文化源远流长，无论是古代还是现代，广东惠州都保留了东江流域的政治、经济、文化特色。惠州历史积淀深厚，文化底蕴丰富，素有“岭南名郡”“粤东通衢”之称。

惠州美景

惠州的饮食文化历史悠久，作为粤菜的菜系组合之一，也作为东江流域人们一向引以为荣的骄傲，已成为东江文化特色中不可缺少的组成部分。

惠州自隋代设循州府以后，一直是“岭南名都”“粤菜重镇”，其历史文化在省内外都有一定的地位和影响。近代以来，惠州又是广东历史文化名城之一。因此，惠州在历史上形成了传统民间生活方式与饮食习惯，其内容丰富多彩，各种风味兼容并蓄，应有尽有。惠州的发展史和特殊的地域条件，形成了惠州民间传统的风俗文化与饮食习惯。从其地理位置来分析：一是古代的北方军旅流落定居，客家人南迁循州一带；二是惠州地处粤东中南部，恰好是广东三大方言语系（粤、客、闽南）的夹缝之间，深受三大语系的影响，其风俗文化和饮食习惯形成了“兼容并蓄、风姿独异”的特征。

东江菜以惠州菜为代表，与潮菜、粤菜并称为广东三大菜系。传统的东江菜偏重于“肥、咸、熟、香”，下油重，口味偏咸，用的酱料较为简单，一般用生葱、熟蒜、香菜调味，极少添加甚至不加过重、过浓的作料。东江菜主料突出，喜用三乌，很少用蔬菜，河鲜海产也不多用，这与东江人以往的生活水平与风俗习惯有着极大的关联。惠州人勤劳耕作，劳动强度较大，平时很少食荤，而肥腻一点的食品能有效充饥。再者，惠州人有勤俭的习惯，菜咸既节俭又可增加体内的盐分，既经济又实惠。

随着社会的不断变革，东江菜也在不断创新，并逐步形成了自己的地方特色，注重“原汁原味、美味可口、回味无穷”。其“原汁原味”主要源于两个方面：一是选料讲究本地家养和粗种的食物，即没有任何污染的本地家禽与蔬菜，这与惠州一带保持生态环境良好有着重要的关系；二是烹调方法多采用煮、煲、蒸、烩和炖，既保持原有的香味，又使人口感舒适，还不会轻易破坏食物本身的营养价值和纤维组织。

随着饮食文化的不断发展，当今的东江美食逐步趋于完善，形成了自己独特的风格。东江菜也更具有内涵，越来越多的中外游客喜欢品尝独树一帜的东江菜。

一、活动背景

俗话说：“民以食为天。”自古以来，中国人对美食就非常有研究。中国的饮食文化有着悠久的历史，目前在全国范围内形成了比较有特色的“八大菜系”。粤菜即广东地方风味菜，八大菜系之一，它以特有的菜式和韵味独树一帜，在国内外享有盛誉。粤菜由广州菜、潮州菜、东江菜等组成，而东江菜又以惠州美食为典型代表。

惠州美景

近几年来，随着惠州经济的蓬勃发展和城市化进程的不断加大，惠州在全国甚至海内外享有越来越高的知名度，惠州的华人代表和客家文化被越来越多的人所熟知。因此，来惠州观光旅游的游客越来越多，惠州美食也给大家留下了深刻的印象。

二、活动意义

（1）通过活动了解惠州特色美食的种类、营养价值等。

（2）通过活动了解惠州美食所蕴涵的独特的东江客家文化。

（3）通过调查、走访、观赏、绘画、实地观摩等方式，了解人们对惠州美食的喜爱程度，激发学生热爱家乡的思想感情。

（4）通过了解惠州美食的历史和现状，不断拓展创新，使与之相关联的链条产业的发展能够推陈出新，从而激发学生对家乡的热爱和对家乡未来美好前景的憧憬和期待。

（5）领略祖国博大精深的美食文化和各地美食种类，了解食品卫生、营养、保健和烹饪等知识。

三、活动内容和步骤

1. 第一阶段：活动准备

确立活动方案，写好计划书，做好分工，营造浓厚的氛围，激发学生对家乡美食的兴趣和热爱家乡的思想感情。

2. 第二阶段：调查实践，体会交流

（1）在家庭、社区、餐馆、大排档等处尽可能多地了解惠州美食的种类，品尝各种美食，并进行相应资料的收集。

（2）制作惠州美食一览表，将收集到的惠州美食资料按照科学的方法归类、对比、分析。

（3）在家里向长辈了解惠州美食的制作方法，逐步了解制作美食的相关材料、步骤和注意事项等。

（4）体验活动："今天我当家""今天我主厨"。

（5）品尝活动：将自己亲手做的美食邀请亲朋好友品尝或者带到学校，和同学一起分享劳动的乐趣、体验的快乐和成功的欢喜。

3. 第三阶段：分享成功

开展小论文展览、绘画比赛、手抄报展览、小制作展览等。

（1）班级美食大比拼：将在家里亲手制作的美食带到学校，让学生讨论每一种美食的制作过程、口味和营养。

（2）建立"感觉箱"：让学生将品尝美食后的心得写在小纸条上，并放入"感觉箱"中。

（3）体验日记：每名学生可以记录自己拜师学艺的美食日记，以便更好地和同学交流分享。

（4）广告语、导游词设计大比拼：为家乡的美食走出惠州、走向中国、走向世界写下最吸引人的句子，绘出最美的蓝图，唱出最美的赞歌。

（5）"我爱家乡的美食"征文大赛：了解美食的口味、制作过程和方法，收集相关的传说故事等，拓展营养学的有关知识，不断激发学生热爱家乡的思想感情。

（6）邀请信、邀请函的写作、设计大赛。

（7）精美的美食图片展览：将收集到的家乡美食或者在制作过程中的图片进行整理、归类，并利用板报、展板等形式展出，激发学生对美食的喜爱和对家乡的热爱。

四、惠州美食的简介

（一）惠州美食特点

客家人是中原南下的移民，由于种种历史的原因迁至岭南山区后，较完整地保留了中原的语言与饮食习惯。而且，由于客家人的居住地区大都远离海洋，客家菜便以内陆型的油重味浓、咸香软糯为特色。

客家菜的用料大都以家禽和蔬菜为主，追求原汁原味，即“饭有饭香，肉有肉味”，有所谓“无鸡不清，无肉不鲜，无鸭不香，无鹅不浓”的讲法。客家菜注重火功，以蒸、焗、煲、酿见长，尤以砂锅菜闻名。客家菜讲求四时节气，有“冬羊、夏狗、春鸡、秋鸭”之说。

现今客家烹饪技艺中，许多做法溯本追源都极其古老，如“搏丸”的历史可以追溯到2000多年以前。《礼记注疏》列有八珍，第五珍叫“捣珍”，其做法是：“取牛、羊、麋、鹿、麕之肉，必脄（读“枚”，脊侧肉）。每物与牛若一，捶反侧之，去其饵（筋腱），孰出之，去其皾，柔其肉。”可见，客家菜系的“捣珍”技法出自古人，来自中原。客家菜的“汆鱼丸、生鱼脍、酿酱、豉油、搏丸烩”等都是古汉语。如此种种，说明客家烹饪术作为民俗文化中的饮食文化，堪称古意浓厚。

1. 东江盐焗鸡

鸡有多种多样的烹饪方法，而盐焗鸡可以说是最富有特色的一种。东江盐焗鸡是东江菜肴富有传统特色的一道名菜，它的特点是皮脆、肉滑、骨香、味浓。传说它起源于东江惠阳盐场，当时人们用盐储存煮熟的鸡，为的是使其不变味，能较长时间保存，若家里有客至，随时可拿来款待客人，食用方便。后为人们发现，经过腌储的鸡不但味道不变，还特别甘香鲜美。

东江盐焗鸡

东江盐焗鸡始创于东江地区，已有三百多年的历史。有一次，当地盐商设宴请客，厨师以盐焗取代了习惯上的腌食方法，其味特佳。之后很快传开了，使之成了一道名菜，叫盐焗鸡。由于制法源自东江，因此盐焗鸡与“东江”二字常常联在一起。盐焗鸡虽然有多种不同的制作方法，食味各有千秋，但传统的制作方法更为市民所接受。首选家养或山上用虫草谷物群养的鸡，将鸡剥净，晾干水分，用精盐35克擦匀鸡腔，加入葱、八角。先用刷油的砂纸包裹鸡身，再包上一层素净砂纸。旺火烧热炒锅，下粗盐炒热至略呈红色时，填入砂锅约占四分之一，把鸡放在盐上再填热盐盖满，用文火焗20分钟。这种制法是正宗的传统方法，上碟时还必须注意砌回鸡形，上席时还要摆上作料。用盐炒过的砂姜末加入猪油，分三小碟，味道更加鲜美。

2. 东江酿豆腐

东江酿豆腐源于中原包饺子的习惯，客家人因迁徙到岭南，无麦可包饺子，逢年过节便想出了酿豆腐的吃法。

东江酿豆腐

东江酿豆腐的制作方法精细，选料讲究。首先选用嫩滑的东江山水豆腐，将豆腐切成长约5厘米、宽约 4 厘米、高约2.5厘米的小块，把猪肉、鱼肉分别剁成黄豆大小的粒，把虾米切成细粒状，在砧板剁碎后放入盆内，加上鸡蛋、葱、咸鱼末等配料拌匀，取每块豆腐在中间挖一小洞，随后将每块豆腐加入肉馅，然后用中火烧热炒锅，把酿豆腐逐块煎至两面金黄色取出，放入砂煲，再次加入高汤、配料加盖，用中火焖约两分钟至熟，下老抽调色，加葱花、咸鱼末等便成。东江酿豆腐也是东江人喜庆日子的必备佳肴。

3. 梅菜扣肉

惠州梅菜历史悠久，闻名中外，是岭南三大名菜之一，为岭南著名传统特产。历史上作为宫廷食品而被称为“惠州贡菜”，享有“苎萝西子十里绿，惠州梅菜一枝花”的美誉。

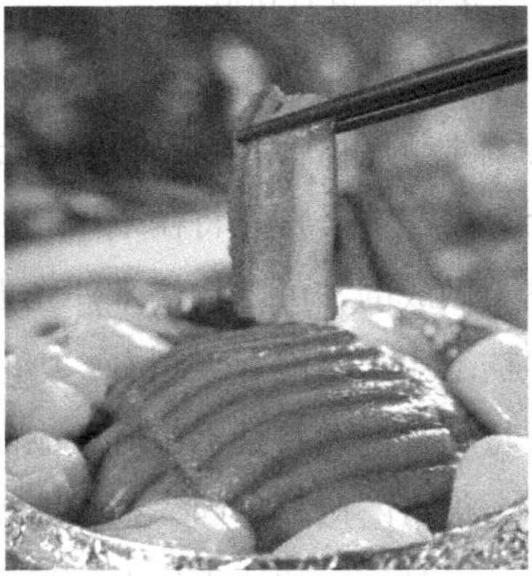

梅菜扣肉

梅菜是惠州传统特产，色泽金黄，香气扑鼻，清甜爽口，不寒不燥、不湿不热，被称为“正气”菜，据说它与盐焗鸡、酿豆腐同时被称为“惠州三件宝”。据传，梅菜扣肉还有一段美好的传说。北宋年间，苏东坡居惠州时专门选派两位名厨远赴杭州西湖学习厨艺。两位厨师学成返惠后，奉苏东坡吩咐仿杭州西湖的“东坡扣肉”而用梅菜制成“梅菜扣肉”，美味可口，爽口而不腻人，深受广大惠州市民的欢迎，一时成为惠州宴席上的美味菜肴。

梅菜扣肉精选横沥土桥梅菜心，在清水中浸泡至爽口、淡口，把梅菜切成若干段备用，将五花肉皮刮干净，上汤锅煮透捞出，趁热在皮上抹一层老抽，皮向下，入烧热的花生油锅里炸，炸上色捞出，放净水盆内泡软，然后切成三至四毫米厚的大肉片。洗干净锅，注入花生油，下葱、姜、蒜、八角末炒出味后，放入五花肉炒片刻，然后再下汤、白酒、盐、生抽、白糖。待汤开后，挪到小火上去，一直焖烂为止。之后把烧好的五花肉拿出来，逐片将其（有皮的在底）平整地放在碗里，上面铺上一层梅菜段，再倒入原汤，上笼蒸透。走菜时滗出原汤，把肉反转扣在盘中。原汤尝好味烧开，用水淀粉勾芡，浇在肉上即可。这道菜的特点是肉烂味香，吃起来咸中略带甜味，肥而不腻。

4. 咸鸡

咸鸡是传统的客家菜，也叫“外婆鸡”。很久以前，客家人生活艰苦，逢年过节的时候才舍得杀只鸡。外婆特地把鸡腿留下来埋在盐堆里保存，待到节后女儿带外孙回娘家时，就把鸡腿从盐堆里取出来款待外孙。经盐腌制的鸡腿咸香鲜美，食用时蘸些客家黄酒，更具风味。

5. 客家酿酒

客家酿酒是一种糯米酿造的甜酒，酒精度比较低，大约15度左右，客家地区的家庭十有七八都会自己酿造。首先将糯米用砻碾掉外壳。砻是一种碾米工具，以前是用竹子和黏土做成的，可以将糯米外壳去掉而不伤米的淀粉，今日已经比较少见。然后将糯米用水浸泡一天左右，中间换水，再用大铁锅将糯米焖熟，这种焖熟的米饭特别香，尤其是锅底有些糊的部分，呈焦黄色，很好看。将焖熟的糯米放在一个很大的簸箕里面，把米搅松，然后加入酒曲。一般酒曲用红曲，因此客家酿酒也是红色的，很好看。待糯米凉了以后，就用酒缸装起来密封发酵。这时的酒缸要干净无菌，一般先用热水清洗，放太阳光下干燥，否则就可能做成一缸米醋。密封用多层草纸封口扎牢。客家酿酒一般在春节前酿造，气温低的时候还需要用旧棉被保温，一般发酵温度在20度左右。经过一星期至十天的时间，里面的糯米全部发酵完毕，就可以煮酒了。煮酒也是用陶制的酒缸，一般容量是一担水的大小，燃料就用糯米壳。煮酒的时候可以将全部发酵好的原液加入水，一般加入的比例是五份原液五份水，在避雨干燥的空地将酒缸逐个排列在一起，留十厘米左右的间隙，填入糯米壳，酒缸盖盖，以免灰尘进入，然后在酒缸周围用土砖围起来，用稻壳填满，略低于酒缸口即可。糯米壳燃烧是文火，将酒煮好大概需要5—8个小时。待燃料全部烧完，等酒逐渐冷却才可以将酒缸密封好，一般情况下可以保存三个月左右。这些都是酿法的基本理论，其实客家酿酒最主要的还是实践经验，我们只谈吃法。

客家酿酒的吃法主要是两种：鸡肉煮酒和温酒。以前鸡肉煮酒都为女人生孩子以后补身而做，今日已经逐渐扩展人群。将鸡肉斩块（用活鸡最好，冻鸡为次），姜丝一两（一只鸡的量），用少许花生油烧热（一两左右，以鸡肉不粘锅为好），爆炒姜丝，然后加入鸡肉，不要加入任何调味品，特别是食盐和味精，直至鸡肉熟至八成时为止。将鸡肉起锅放入砂锅中，然后将酿酒加入，以盖住鸡肉为止，慢火炖至沸腾5—8分钟，食用之前再加入酿酒至沸腾即可。沸腾时间不宜太长，免得酒精过度挥发，仅剩甜味。

6. 沙糕

沙糕是惠州民间一种风俗礼仪的专用食品。在婚嫁、丧葬时，沙糕多作为礼仪食品出现。小孩出生“做半月”之际，外婆送沙糕更是定俗之一。

沙糕

7. 逆糍

逆糍是惠州传统的节日专祭食品，最早是用于民间祭牛神用的供品。惠州俗语“十月朝，糍堆禄禄烧”，就是惠州民间过“十月朝”（民间传统节日）的写照。“十月朝”是惠州传统的祭牛节。据《惠州志》记载：“十月朝，城中作粉食荐祖，乡落以粉食挂牛角以报其劳。”里面所指的“糍堆”和“粉食”其实同为一种食物，即惠州传统的风味食品糯米糍粑，惠州俗话称“逆糍”。

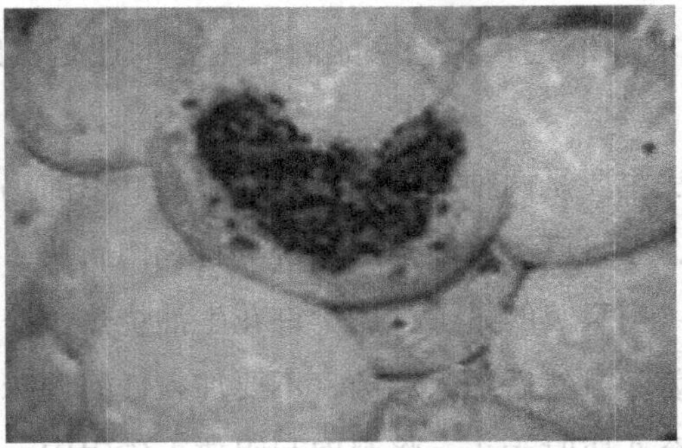

逆糍

8. 艾角

“过冬食粉果”，粉果即艾角，是惠州特有的过冬习俗。

艾角

9. 阿绊叫

光听到这个名字就让人想一尝为快。惠州话称奶奶为“阿绊”，望文生义，这个名字多少和奶奶有点关系。据说，清代以前就已经有阿绊叫这种食品。阿绊叫其实是一种油炸品，外酥内软，有萝卜的清香而不油腻，喷香可口，十分诱人。吃的时候再蘸上香醋，其香无比。

阿绊叫

10. 大笼

北方人称“年糕”，客家人称“甜”，“大笼”是惠州民间的特称。由于过年多用于祭神、祭祖、祭灶君，因此被看作是过年的祭祀食品。大笼在用料上和北方的年糕稍有不同，而和客家的甜糕相近，均是以糯米粉为主料。视各人的需要加入红糖、冰片糖、白糖或砂糖，又视软硬程度加黏米粉。

大笼

11. 糯米饼

包括甜饼、萝卜饼。旧时，碾米粉就用一个麻石凿出来的碾米工具，利用杠杆原理，将一块厚木板用轴支在木架上。一头绑上十厘米见方、半米长的石条，下边是石头窝，放入浸泡过的米，另一头是人用脚使劲压下，翘起另一头的石条，然后放开砸下，如此重复致米碾成粉。这东西很费劲，因为石条本来就重，再加上两端的比例基本为1：2，因此石条的重量就加倍。碾米粉时常需要一天的时间。今天虽然没有人再用了，但那些工具仍然留在村里，每次回去看到都感到很亲切。

糯米饼

12. 煎堆

煎堆是一种饭前小吃，一般用黏米粉和糯米粉混合，加入各种馅料油炸而成。馅料基本上有瓜条、花生、芝麻、糖等，做成各种各样的形状，用花生油炸成即可。这种食物香甜可口，以香茶一杯相伴，更是回味无穷。

煎堆

（二）推荐食府

汤泉家嘉盛酒楼、蒋记美食、东江鱼庄、森记酒楼、杨记酒楼、笃记酒楼、蒙记酒楼等。

五、惠州美食的发展前景

（1）加大对惠州美食的宣传力度，将各种美食加工成真空包装食品，销往海内外，扩大惠州美食的宣传范围和影响范围。

（2）将惠州美食的宣传片制作成VCD，不断扩大惠州美食的宣传力度，扩大惠州在国内外的知名度。

（3）将惠州美食的精美图片制作成宣传画册。

（4）将学生搜集到的关于惠州美食的文字资料分类编辑成册，出版相关书籍。

（5）发动学生动手制作惠州美食扑克牌，将动手能力、审美能力和爱家乡的思想感情融合在一起，不断扩大家乡的知名度。

六、活动感受

（1）激发了学生热爱家乡、热爱生活的思想感情。

（2）通过实践活动走入生活，培养了学生收集、处理信息的能力，增强了他们的社会实践能力，培养了合作精神和学科学、爱科学、用科学的兴趣，激发了学生的创造潜能。

（3）学生在活动过程中感受到实践、科学的魅力，享受快乐，体验成功，增强自信。

（4）学生通过运用观察、对比、分析等创造性思维方法提高了动手操作能力，从而开发了创造潜能，培养了科学素养。

（5）此项活动使学生的生活视野得到拓展，走进生活，亲近科学，真正感受到科学就在身边。

漫画作文教学设计

广东省惠州市第十一小学　任　萍

【教材分析】

1. 写作要求

漫画是一种具有强烈讽刺性或幽默性的图画。画家从生活中取材，通过夸张、比喻、象征等手法，讽刺、批评或表扬某些人和事。看看著名漫画家华君武画的《假文盲》，你能体会到画家的用意吗？把你的看法和想法写下来，题目自己定。如果你有更喜欢的漫画，也可以写自己选的那一幅。

2. 教材分析

（1）写什么：看漫画写作文，写出漫画的图意，写自己的看法和想法。

（2）怎么写：要写清图意，写出自己的看法和想法；如果有更喜欢的漫画，也可以写自己选的那一幅，题目自己定。

在写图意的时候，需要仔细观察漫画的内容，并理解画家的用意，从而写清图意；在表达自己的看法时，要做到观点明确，还可以联系生活实际来谈，使自己的观点更具说服力。

【设计理念】

（1）本次写作重在培养学生观察、思考、欣赏、评价的能力，鼓励学生说真话、心里话，表达自己的真情实感。

（2）通过这次作文让学生获得成功的快乐，培养写作的兴趣和自信心，激发学生写作的欲望，让学生感觉作文很简单，从而愿意写作文。

（3）学生在自我修改和相互修改的过程中加强了解和合作，共同提高写作水平。

（4）将自主、合作的学习方式贯穿教学的全过程。学生是学习的主人，写作是学生自主获取知识的过程，要发挥学生的积极性和主动性。

（5）体现作文的育人功能，让学生从作文中领会怎样做人、做事。

【教学目标】

（1）培养学生欣赏漫画的能力，透过画面内容体会画家的用意。

（2）引导学生在了解漫画内容的基础上大胆想象，激发创新精神。

（3）鼓励学生从不同的角度表达自己的看法和想法，激发个性化思考。

（4）教给学生一些看漫画写作文的基本方法。

【教学准备】

（1）学生搜集漫画。

（2）教师准备幻灯片。

【课时安排】

两课时。

【教学过程】

（一）你能看懂下面的漫画吗

请根据下面漫画的图意与同学进行交流。

总结：漫画有强烈的讽刺性和幽默性。画家从生活中取材，通过夸张、比喻、象征等手法，讽刺、批评或表扬某些人和事。

（二）漫画作文写作步骤训练——观察漫画

1. 观察画面

按照方位（上下、左右、前后等）、主次的顺序认真观察画面，切不可草率、遗漏。

2. 看文字：标题、人物语言等

文字的作用：交代背景（时间、地点、环境）、概括内容、揭示中心等。

3. 看图片：人物、环境

单一画面：看关系，找联系。

多个画面：做比较，看变化。

（三）漫画作文写作步骤训练——确定中心、了解寓意

1. 由结果推原因

揭示事情的本质。

2. 由图画到生活

把握漫画的寓意。

3. 选角度定中心

符合题意，彰显个性。

练习一：观察下面这幅漫画，理解画面寓意。

（1）由结果推原因。

结果：花枯萎了。

原因：水很少，时间短。

“顾客您好”的鲜花开在杯子里，难以开得长久。每年一个“服务月”，所以“一岁一枯荣”。

（2）由图画到生活。

① 上课的预备铃声响后，教师还没来，班里的纪律怎样？教师来了之后呢？

② 教师布置了作业，没有检查时，学生的作业质量如何？要检查时又怎样？

③ 学校要接受上级部门的工作检查，学生的文明礼貌、卫生情况如何？没有接受检查时，情况又怎样？

④ 生活中还有哪些类似的现象？

总结：这幅漫画讽刺了现实中普遍存在的形式主义、走过场、应付式的不正之风。

（3）选角度定中心。

① 好的服务态度也有“枯荣”吗？

② 这不是在搞形式主义吗？

③ 为什么这种形式主义的东西会年复一年地存在呢？

④ 怎样才能克服形式主义呢？

总结：每想一个问题，都是对漫画寓意的一次挖掘，都可以为文章的立意、拟题找到一个新的角度。

（四）漫画作文写作步骤训练——说一说、议一议

学生自由选择自己准备的漫画和同桌说一说、议一议。

（五）漫画作文写作步骤训练——结构成篇

1. 描述画面

（1）用记叙性文字描述画面。事情，六要素；人物，四种描写方法。

（2）用说明性的文字介绍画面。（按顺序介绍）

（3）合理地联想和想象，将漫画内容情节化、故事化。

2. 议论画面

（1）观后感：联系实际，摆事实，讲道理。

（2）评、议画面：评是就图评图，对所给画面本身的现象、行为进行分析、评论。

3. 拓展画面

联系生活实际，要学会由实及虚、由表及里，挖掘隐含信息，提炼概括中心，画面的形象主体不一定是讽刺或颂扬的对象。

练习二：根据下图观察，说一说、写一写。

（1）描述画面。

春暖花开，万物复苏，一个久居室内的书生突然有个想法：去钓鱼！可是，他并不知道该到哪去钓鱼，于是他找出了“万事通”——《百科全书》，带着他的鱼竿兴冲冲地出门了。

他来到了一片草地上，翻开书查找，突然他看到书上写着“鱼儿离不开水”。他心想，这下好了，我终于明白了。放眼一望，不远处正好有一口井。他赶忙乐呵呵地跑过去，将线狠狠地抛进了深深的井中，一边看书一边“等收成”。

他会钓上鱼吗？

（2）说明画面。

此漫画大体由三部分组成。画的右边是一个坐在草地上学者模样的人，戴着金丝边眼镜，双手捧着一本书，正聚精会神地看着。他身体左侧放着一个盛满水的桶，还有一根钓鱼竿。

画的左边是一口井，下部由砖砌成圆形，上部是个呈六角形的井口。钓鱼竿的一头拴着一根线，伸入井中。画的下面写着“书上说，鱼儿离不开水”。

（3）评议画面。

漫画讽刺了社会上一些只读书、读死书的人，他们不会依据实际情况变通，结果做出了令人发笑的愚蠢事，这样的人迟早会被社会淘汰。

（4）拓展思考。

从这幅漫画中，你想到了生活中哪些相关的人和事、景和情？

① 这幅漫画讽刺了那些不关心他人、忘记父母抚养之恩的不肖子孙。

② 讽刺那些溺爱孩子、不懂教育的家长。

（5）写作训练要求。

① 题目要短小精悍、生动形象。

② 语言表达要简洁明了。

③ 不要就事论事，应从人的角度（道德品质、环保等）进行思考。

《儿童与发明》教学设计

广东省惠州市第十一小学 任 萍

【设计理念】

“生活即教育。”语文综合性学习是一门向学生生活领域延伸的经验性活动，它关注的不仅是学生的学校生活，还包括学生的社会生活与家庭生活。

本教学设计以《儿童与发明》的阅读为切入点，着力引导学生关注生活、关注科学，从日常生活中选取探究的主题。将“儿童、发明、生活、习作”有机结合，不仅激发了学生探究的热情，激发了科学研究的热情，而且为“开放性、实践性、自主性”写作拓宽了渠道，激发了写作兴趣，提高了写作能力。

【教学目标】

（1）能够根据所掌握的说明文的方法进行阅读训练，并掌握和运用几种简单的小发明创造。

（2）了解生活和学生发明之间的关系，养成留心观察生活的习惯。

（3）降低写作难度，激发学生的写作兴趣。

（4）激发学生从小学科学、爱科学的兴趣。

【教学重点】

（1）能够利用所掌握的说明文的方法进行阅读训练。

（2）掌握和运用几种简单的小发明创造。

【教学难点】

（1）运用所学的小发明进行大胆尝试。

（2）能够将自己的小发明的创造过程形成文字。

【教学准备】

（1）学生简单的生活用品和文具，如笔盒、直尺、手表、水壶等。

（2）幻灯片。

【课时安排】

两课时。

【所教年级】

五年级。

【教学过程】

（一）比一比：看谁知道得多

1. 中国古代四大发明

大屏幕滚动播放中国古代四大发明，鼓励学生回答问题，激发学生学科学的浓厚兴趣。

2. 世界著名发明家知多少

（1）学生自由回答，大屏幕重点播放诺贝尔和爱迪生的图片。

（2）学生分享交流：讲一讲诺贝尔和爱迪生的故事。

（3）适时总结：善于观察、勤于思考是发明创造的关键。

3. 中国诺贝尔奖获得者简介

在学生幼小的心灵种下热爱科学、热爱祖国、立志报国的种子。

（1）大屏幕滚动播放“莫言2012年获得诺贝尔文学奖”的视频。

（2）大屏幕滚动播放“屠呦呦2017年获得诺贝尔医学奖”的视频。

（二）聊一聊：发明家的故事

1. 鲁班的故事

有一次上山的时候，鲁班偶尔拉了一把长在山上的一种野草，手一下子就被划破了。鲁班很奇怪，小小的一根草为什么这样锋利？他把草折下来细心观察，发现草的两边都长有许多小细齿，他的手就是被这些小细齿划破的。他想：“既然小草的齿可以划破我的手，那带有很多小齿的铁条应该可以锯断大树吧。”于是，在金属工匠的帮助下，鲁班做出了世界上的第一把锯——一把带有许多小齿的铁条。

2. 牛顿的故事

有一天，牛顿坐在一棵苹果树下沉思。忽然，一个苹果掉落到地上。于是，他发现所有的东西一旦失去支撑必然会坠落。随后他又发现任何两个物体之间都存在着吸引力，而这引力更与距离的平方成反比，于是发现了“万有引力”定律。

（三）学一学：阅读资料《儿童与发明》

1. 快速阅读要求

（1）用“破题法”初步理解课文。

（2）了解内容，理清全文的顺序。

① 全文共有几个自然段。

② 画出总起句、总结句。

③ 短文共写了几件事。

2. 学一学：认准字形

shū　　　　　　　　màn

木梳（流、疏）　　布希曼（漫、慢、蔓、幔）

shēng　　　　　　　zhěn

古笙（胜、牲、甥）　　叩诊（珍、疹）

3. 学一学：读准字音

zàng　　wéi　　wèi　　hào

心脏　为难　因为　好奇

zhuó　　chuán　zhuàn

琢磨　　传动　　传记

4. 学一学：读准词语

创造　源泉　苦恼　崎岖　敏锐　天真无邪

异想天开　无独有偶　身手不凡　聚精会神　高深莫测

5. 学一学：自学反馈

（1）初步理解课文。

（2）了解内容，理清全文的顺序。

开头：任何一项发明创造都离不开创造灵感。孩子们天真无邪的问题和常人眼中的“异想天开”，在发明者看来都是创造的源泉。

首尾呼应

结尾：在日常生活中，到处都有发明创造的契机，发明并不是一件高深莫测的事情。现在许多“文明的奇迹”，最初都源自儿童的创造、发现与奇想。只要你拥有敏锐的心和善于发现的眼睛，就可以成为一个小发明家。

学一学：短文介绍了几种与儿童活动有关的发明？（小组自学，完成下列表格）

发明及相关的儿童活动

发明	相关的儿童活动

第一个事例

1821年的一天，德国有个农家女孩拿着妈妈的木梳在家门口玩耍。玩腻了之后，她想出个新花样：找来两张纸片，一上一下贴在木梳上，把它放在唇边，谁知竟“呜哩呜哩”地吹出声了。一个叫布希曼的音乐家路过，被这奇妙的声音吸引住了。他仔细观看了女孩的“杰作”，回家后综合女孩的木梳、中国的古笙和罗马笛的发音原理，制成了第一支口琴。

发明及相关的儿童活动1

发明者	发明内容	与该项发明相关的儿童活动
布希曼	口琴	玩腻了之后，她想出个新花样……谁知竟“呜哩呜哩”地吹出了声

第二个事例

无独有偶，听诊器的发明灵感也来自儿童。一次，法国医生雷内克到一位患心脏病的贵妇家去诊病。由于病人过于肥胖，传统的叩诊法无法测得准确的心率，又不便直接用耳朵贴在患者胸部听诊，医生十分为难。回家的路上，他看到一群孩子在一根圆木的一头用针刮划，而另一群孩子把耳朵贴在另一头。出于好奇，他凑上前去，竟清楚地听到了圆木那头的声音。这件事启发了雷内克。不久，听诊器问世了。

发明及相关的儿童活动2

发明者	发明内容	与该项发明相关的儿童活动
布什曼	口琴	玩腻了之后，她想出个新花样……谁知竟“呜哩呜哩”地吹出了声
雷内克	听诊器	一群孩子的游戏

第三个事例

一次性成像照相机是美国人兰德的发明，提醒他进行这项研究的是他的小女儿。一天，兰德和女儿去公园游览，他给女儿拍了许多照片。拍完后，孩子急切地向爸爸要照片。孩子的要求促使兰德花了好多年研究一次性成像问题，终于在1947年成功地研制出一次成像照相机。

发明及相关的儿童活动3

发明者	发明内容	与该项发明相关的儿童活动
布什曼	口琴	玩腻了之后，她想出个新花样……谁知竟“呜哩呜哩”地吹出了声
雷内克	听诊器	一群孩子的游戏
兰德	一次性成像照相机	在公园里给女儿拍照

第四个事例

非裔美国人毕寇是位身手不凡的机械师。他的儿子是位报童，整日奔波送报，脚踏车上的链条常常脱落，儿子为此十分苦恼。于是，毕寇用塑胶做了些齿轮，再用木工工具加工，给孩子造了世界上第一辆“两轮传动”的脚踏车——用踏板的力量同时带动两个轮子，这种车能畅行于郊外崎岖的小径。

发明及相关的儿童活动4

发明者	发明内容	与该项发明相关的儿童活动
布什曼	口琴	玩腻了之后，她想出个新花样……谁知竟“呜哩呜哩”地吹出了声
雷内克	听诊器	一群孩子的游戏
兰德	一次性成像照相机	在公园里给女儿拍照
毕寇	两轮转动脚踏车	儿子送报的辛苦

第五个事例

与前几位相似，发明隐形眼镜的比斯特得益于儿子的恶作剧。一天，他正聚精会神地读报，突然鼻梁上的眼镜被调皮的小儿子打落在地。比斯特正要发火，小儿子却拾起碎镜片，贴在眼前大叫起来。比斯特拿过碎镜片，果然看到了地上爬行的蚂蚁，他灵机一动，既然镜片可以脱离镜架看东西，把它装在眼球上，看东西不是更方便吗？就这样，隐形眼镜诞生了。

发明及相关的儿童活动5

发明者	发明内容	与该项发明相关的儿童活动
布什	曼口琴	玩腻了之后，她想出个新花样……谁知竟“呜哩呜哩”地吹出了声
雷内克	听诊器	一群孩子的游戏
兰德	一次性成像照相机	在公园里给女儿拍照
毕寇	两轮转动脚踏车	儿子送报的辛苦
比斯特	隐形眼镜	儿子的恶作剧

（四）学一学：我的感悟

发明与我们的生活密切相关，发明的源泉就在我们身边。

发明家		
观察	思考	动手

（五）看一看：发明改变生活

你印象最深的是哪一个小发明？

两个口的凉水瓶

新型瓶盖

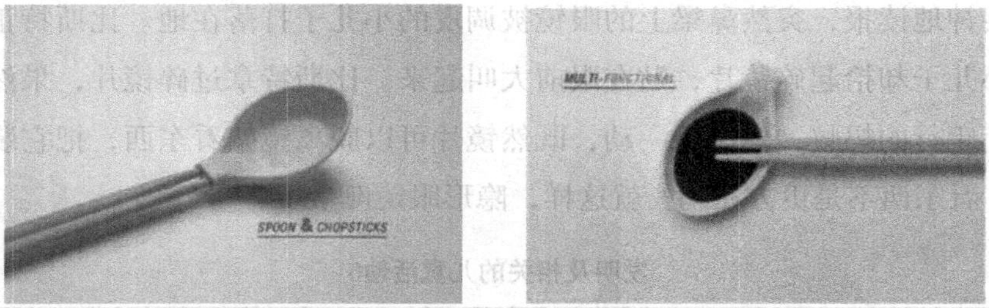

新型筷子勺

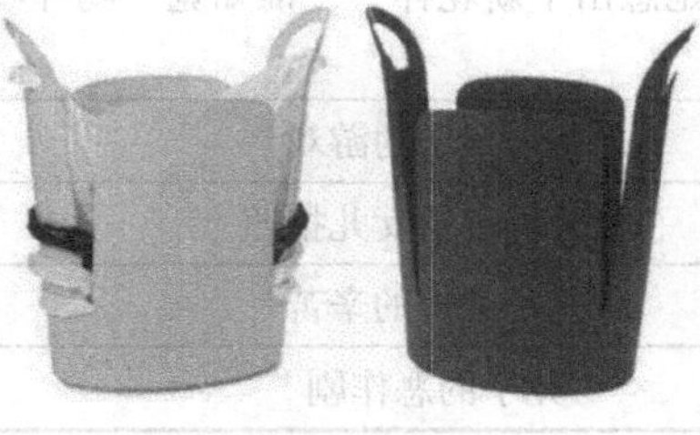

巧挂垃圾袋

不倒翁扫把

可以放置吃完的零食垃圾

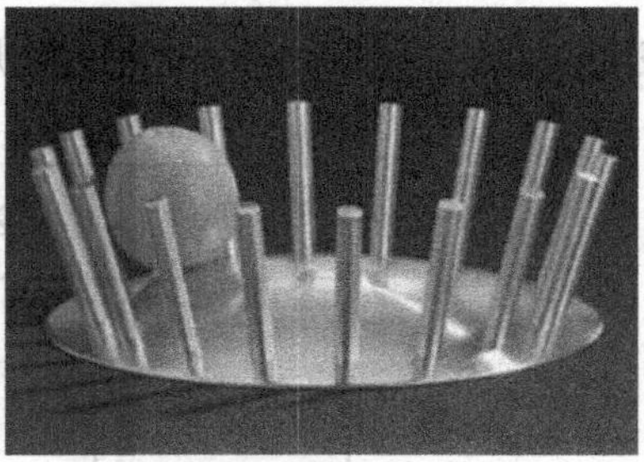

新型果盘

不倒翁婴儿饭碗

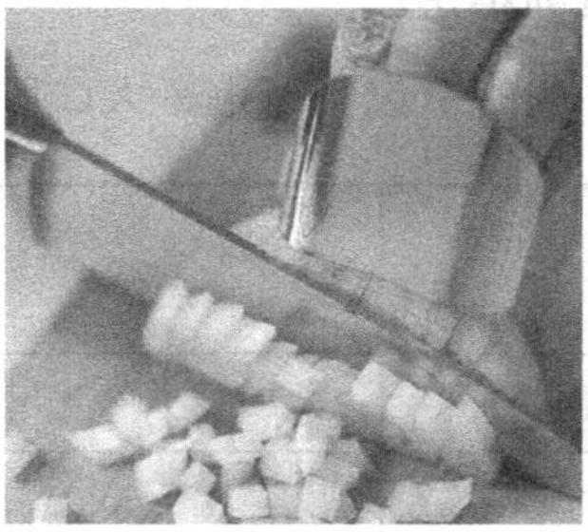

不锈钢切菜指套

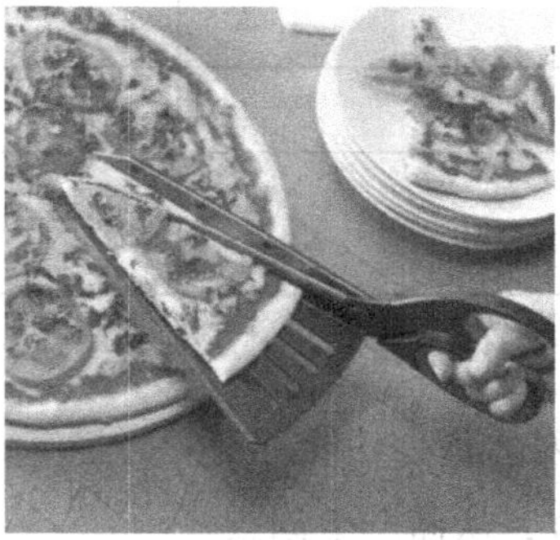

披萨剪刀

巧喝易拉罐饮料

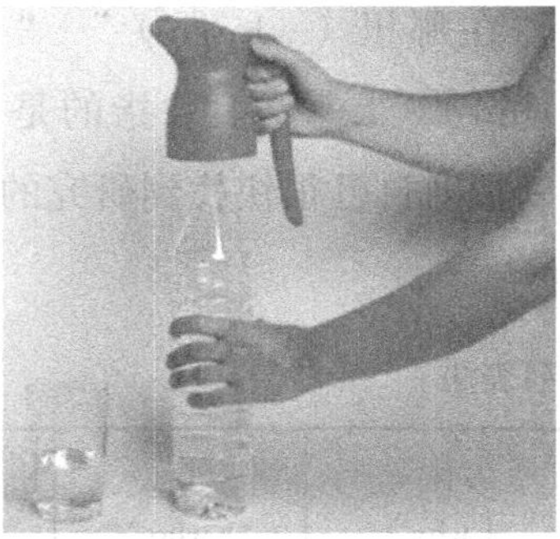

家用新型凉杯

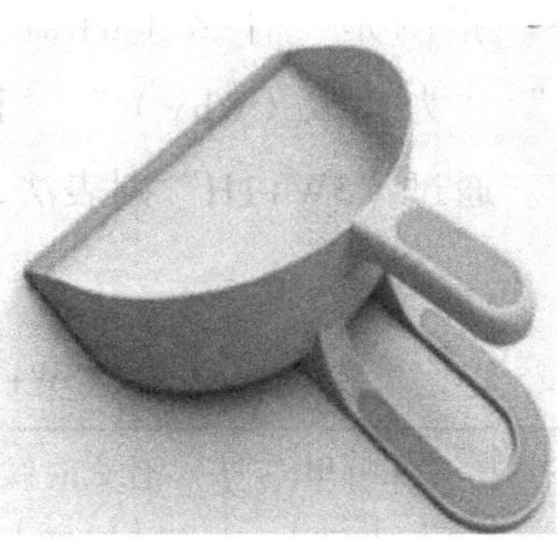

多用门档

小发明的特点：新颖性、科学性、实用性。

（六）试一试：发明小方法——列举法

1. 希望列举法

例如，我的书包——震动、发光、方便清洁……

2. 缺点列举法

例如，我的书包——重、大、脏、丑……

物品 功能	笔盒	花盆	雨伞
恒温			
可调			
自动			
报警			
振动			
发光 ………			

3. 中奖法

将第一行的每一个物品分别和第一列的各种功能逐一“碰撞”，将自己熟悉的、喜欢的物品和相应的功能进行组合，从而产生创意。

（七）试一试：发明小方法——“5W+1H”法

“5W”指的是“什么（what）”“在哪里（where）”“什么时候（when）”“为什么（why）”“谁（who）”，“1H”指的是“怎么样（how）”。通过“5W+1H”列表法，可以帮助自己很快找到研究的选题。列表如下：

“5W+1H”列表法

什么（what）	在哪里（where）	什么时候（when）	为什么（why）	谁（who）	怎么样（how）
盐					
奶粉					

（八）试一试：发明小方法——头脑风暴法

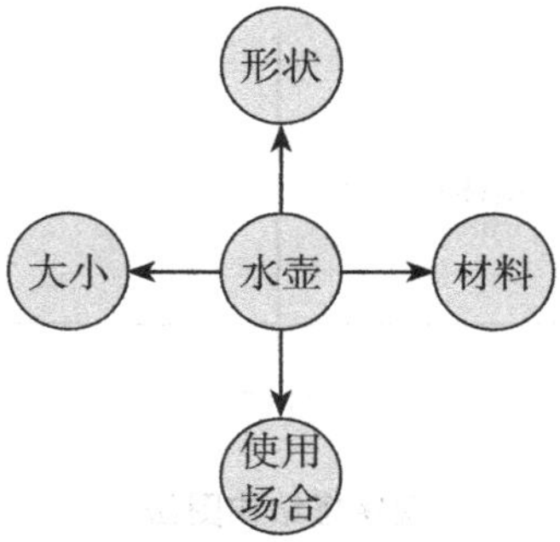

运用头脑风暴法发明水壶

（九）试一试：发明小方法——金字塔结构图法

多格盒子

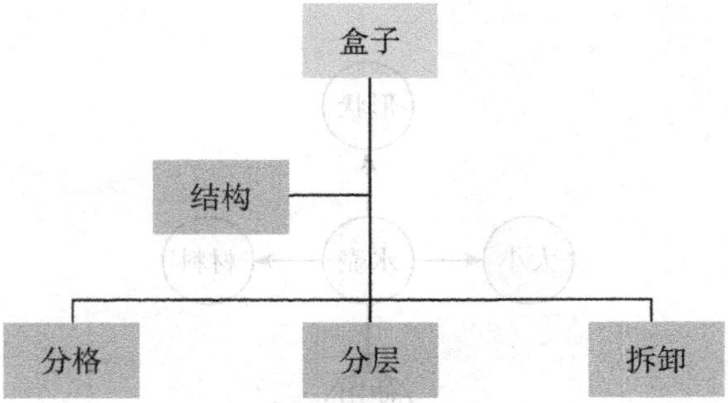

金字塔结构图法

（十）猜一猜：谁是未来的发明家

滚动播放学生历年获奖情况，激发学生学科学、爱科学的兴趣，分享成功的收获和喜悦。

（十一）记一记

人人是创造之人，时时是创造之时。——陶行知

（十二）评一评：我是小小发明家

音乐相册滚动播放学生照片，憧憬美好未来。

学生照片

（十三）写一写：写作小锦囊

1. 题目大比拼

《我想发明》《我爱发明》《小发明大智慧》《难忘的一节课》《我的发明我做主》《秀一秀——我的发明》《发明给我带来的乐趣》……

2. 内容要求

（1）亲身经历，真实情感。

（2）写清“六要素”，按照“开端—发展—高潮—结局”的顺序将过程写具体。

3. 顺序

（1）总起—分述—总结。

（2）事情发展的顺序。

第八章

学生成长作文示例

8

体验·成长·快乐

广东省惠州市第十一小学五年级（4）班　廖英淇

盼望着，盼望着，等了一个星期的“德育基地之行”终于来了。虽然天公不作美，阴沉着脸，但是丝毫阻挡不了我们前行的脚步，也丝毫影响不了我们快乐的心情。

“出发喽！”坐上舒适的大巴车，我们仿佛一群快活的山雀，走出课堂，走向大自然。啊！多么清新的空气！多么广阔的田野！瞧，美丽的花朵都在为我们开放！听，勤劳的蜜蜂都在为我们欢唱！就连那吃草的牛羊、戏水的鸭子、满地找食的母鸡，都让我们感到惊奇、欣喜。啊！美丽的大自然、亲切的大自然、久违了的大自然，让我今天和你来一次亲密的拥抱吧！

“到了！到了！”我们像出笼的小鸟一样涌向指定的训练场，在教官和老师的带领下，开展了各种丰富多彩的活动：过独木桥、兔子舞、煤气中毒救护、攀援、过草地……在活动中，我们感受到了挑战、冒险、刺激，感受到了别样的课堂，感受到了充满活力的生活体验，感受到了集体的温暖，感受到了同学之间真诚的帮助、合作和友谊，感受到了幸福生活的来之不易……

啊！太难忘了！太难忘了！不过别急，还是听我来给你说说看吧！

一、“正规军”——队列训练

刚到没多久，稍作安顿，我们就在教官的带领下开始了第一个训练项目——队列训练。我们先训练的是向右转。我们注意听清教练的要求，并谨记在心，很快就完成了。向左转和向后转也不难，可是练习齐步走就麻烦了。我们要么左右手摆错了方向，手臂抬得高低不齐；要么迈错了腿，有的先迈左腿，有的先迈右腿，这几个人迈了左腿，那几个人又迈了右腿；要么手脚不协调，左手左脚……唉！我们这些独生子女连齐步走都练不好，真是太缺乏团队精神了！半个多小时后，我们终于练好了，这才去休息。

二、挑战“人猿泰山”

这个游戏十分好玩。顾名思义，就是抓着一根绳子，荡过一个长3米多、宽5米多的长方形水池。开始时，我不敢玩，心想：万一跌落水中，岂不成了落汤鸡？算了，小心为妙，我还是先看别人玩吧。

教练讲完游戏规则和注意事项后，只见裘和谦第一个冲到最前面，大声嚷嚷着：“我来，我来！”说完，只见他抓住绳子，“嗖”的一下荡过去。哎呀，不好！可能是手打滑了，他“啪”的一声溅起一片水花，引来周围同学们一阵惊叫。只见有的同学吓得张大了嘴，有的同学吓得捂住了脸，有的同学吓得弯腰扶住双膝……

后来，陆陆续续又有几个胆大的同学争相去玩。我问他们感受如何，难不难？怕不怕？他们都说不难，很简单。于是，我也跃跃欲试，跟在他们后面开始排队。

过了一会儿，终于轮到我了。我挽起袖子，抓紧绳子，深深地呼了一口气，再一咬牙。“不怕，豁出去了！”于是，我双脚一点地，“呼”的一下过去了。哇哦，真好玩，没什么好怕的。知道好玩后，我又乐此不疲地玩了六七次，而且一次也没有碰到水面。到了后来，我还能像小猴子一样在半空中转两圈呢！

三、烧烤大比拼——分享美食

终于要烧烤了，我们按照事先安排好的分工，按序就座。我先给大家分发碗、筷子、勺子、竹签和叉子等工具，然后大家拿出各自准备的丰盛的食物。啊！真是五花八门、应有尽有啊！瞧，鲜嫩的鸡翅、爽滑的肥牛、蜜汁的牛排、圆圆的肉丸、喷香的鱿鱼……炉火烧旺了，我们在炉子上面铺好一张锡纸，就开始烧烤了。我和黄伟宸负责烹制极品鸡翅和极品肥牛，黄兆冲烤牛排和雪碧鸡翅，马烨烤鱿鱼，邓博泽和王光语烤香肠和肉丸。我们的调料是孜然和胡椒粉，饮料是王老吉……看着我们这娴熟地道的做法，闻着这浓郁诱人的肉香，听着“啧啧”的赞叹声，你一定被我们的美食吸引了。“来，尝一个鸡翅。”“给，好吃的肉丸。”啊！我们都变成大美食家了！

啊！太多太多的乐趣，太多太多的回忆，真是说也说不完，道也道不尽。德育基地，明年见！不，天天见，在梦中，在甜蜜美好的回忆中！朋友，心动不如行动，赶紧准备，明天就出发吧！

点评：本文选材详略得当，巧用小标题进行叙述，感情自然真切，首尾呼应。

难忘的雪乡之旅

广东省惠州市第十一小学六年级（1）班　李彦莹

今天，我跟随着慧慧一家人踏上了一趟神奇的列车，开启了雪乡——长春的奇妙旅程。你肯定想知道，去“雪乡”是为了干吗？当然是滑雪啦！

坐上飞机，我不停地问着自己：滑雪会摔跤吗？会不会太冷呢？我没滑过雪，怎么办？过了许久，我们到达了酒店。我像士兵一样“勇敢”地跑下了车，可脚刚着地，差点“一蹦三尺高”，真冷啊，鼻子都快成了雪人鼻子的颜色了。我眨眨眼睛，摸摸头发，竟都起了霜，活脱脱成了一位“冰雪公主”！夜晚，灯火通明，大家载歌载舞，用快乐、热情之火融化了层层冰寒。我顿时明白了：寒冷正如一个人无法面对的巨大困难，但与朋友们手牵着手，困难便迎刃而解。就这样，第一天的旅程结束。

第二天，我们早早地吃完早餐，向着滑雪场“进军”！看着周围的人一副胸有成竹的样子，就像一只被饿狼追捕的小兔子一下子跳入了我的心中，我不由得想：怎么办？为什么要来滑雪？我认识了教我的莲教练，我们给对方友好的微笑后，她立刻给我换雪鞋。雪鞋看起来真大，就像要把小矮人的脚伸入巨人的鞋中。雪鞋穿起来真困难，我正看得头晕眼花，教练已经帮我穿好了。当我穿着雪鞋走路时，教练教我用脚后跟走路。仔细一看，雪鞋真有点像高跟鞋呢。

我全副武装地来到雪地上，穿好雪板，教练教我“内八字”刹车，角度越大滑得越慢；“外八字”是用来走坡的，不会滑倒。教练还教我膝盖要顶着雪鞋，身体前倾，这样才不会导致重心往后。学完这些，我心里想：成功是留给有准备的人的，现在我准备好了，离成功就差努力了！

我来到初级雪道上，教练在前面陪着我滑。刚开始，我弓着腰，鼓着脸，像一只大虾一样，总怕稍不留神就摔一个大跟头。滑到一半，我开始适应了这种紧张又兴奋的感觉：穿过一个个人，欣赏一处处美景，心中有种喜滋滋的感觉。脚下一动一动地在雪上滑行，发出“刷刷”的声音，这声音在我听来，就像小号手吹出的音符一样。咦，怎么那么快就到底了？我紧张到发颤的小手紧紧地握着教练的大手。教练对我说：“放轻松，滑得不错，我们再来一遍。”这次，教练牵着我的手，一次次地提醒我放松下来。我紧张的心不断放松，终于松弛下来，像是小白兔找到了窝，休息起来。我滑着雪眺望着远方，一片片落满了积雪的树映入眼帘，一块块大石头上的积雪令我充满遐想：里面有没有小精灵帮助滑倒的滑雪者呢？

在教练的声音里，我的思绪费力地拉了回来：“今天我们就熟悉一下滑雪，明天我们就要去终极雪道了。”这一天，我过得很开心也很紧张，但我知道，明天将会有更大的困难等着我。就这样，第二天的旅程告终。

第三天，我喝完热乎乎的热巧克力饮料，就要去冰冷的滑雪场“战斗”了。但与昨天不一样的是，今天的紧张中还多了一些小激动。我和教练穿戴好滑雪的必需品，来“征服”终极雪道A6了。这是一条弯弯的雪道，我的手心满是汗，缆车每上行一段路我的心就会紧张一次。当我站在雪道上方，脚不禁有些发软，这条雪道要比初级雪道长那么多呀，弯弯曲曲的，就像一条卧在雪底冬眠的蛇。随着教练的安慰声和加油声，我的身体开始不受控制地往前倾。要开始滑了，我怀着一颗紧张的心向前滑去，教练在我前面引着路。

刚开始，我的动作就像刚学跳拉丁舞的人一样，十分别扭。滑着滑着，到了一座小雪包前，我就像下坡一样急速向下冲去。怎么刹车、什么做动作，我都忘得一干二净，总感觉背后凉凉的，觉得一不小心就会摔倒在地上……

我终于滑完了雪包，已经吓得“魂不附体”了。看到前面还有一条长坡，我真想摆摆手让教练带我坐缆车下去，但看看身后，似乎没有退路了，我便鼓起勇气对教练说：“我准备好了，出发吧！”

滑坡的时候，我一直小心地刹着车并随着教练滑“S”形来减速。这时候我才发现，我一直认为只有高手才会滑的“S”形，原来我也能滑！

“左脚用力！”“对，来这边。”教练不停地指导着我。突然，前面出现了一个人，打了我一个“措手不及”，我连忙刹车，可是停不下来！我立刻反应过来：左脚踩右脚了！果然，不到一秒时间，我“砰”地滑倒在地。为了不撞人，我只好“牺牲”自己了，不然必会造成悲剧。

经过时间的磨合，我大胆起来。教练对我说：“走，去A1。”“A1！”我十分惊奇，那不是一条高级雪道吗？我一直盼望能一览它的容颜，而今天，我要去“征服”它了！这次，教练出乎意料地让我在前头，我往下看了看，真是“不看不知道，一看吓一跳”。这条雪道虽然弯不多，但是很陡。刚开始，我一直保持着刹车的姿态。但后来，我一鼓作气往下冲，身边的人影一闪而过，北风在耳边呼啸而过，我左右脚不停地用力滑成“S”形减速，这感觉真不错。“加油！快到了！”这是教练的鼓励声。我加速往下冲，“啊！终于到了。”我捏着自己紧张而发颤的手说道。

到了山底，教练说：“真勇敢啊，比之前滑得好多了。”我激动地看着教练，顿时明白了：最大的困难就是克服自己的恐惧。就像滑雪一样，如果勇敢地去尝试中、高级雪道，就会发现它们与初级雪道差不多。成功不但是留给有准备的人的，也是留给勇敢的、勇于突破自己的人的！就这样，第三天的旅程结束。

时光匆匆而过，我收拾好行李，与朋友们挥手告别，这趟神奇而又愉快的旅程到此圆满地画上了一个句号。我们依依不舍地与教练握手，在酒店门口的合照留下了这永不消逝的美好。望着车窗外一个个堆起的雪包，我的思绪又飞回了与教练见面时那友好的微笑……

点评：本文按照时间的顺序进行叙述，感情自然，人物的动作和心理描写细腻真实，中心鲜明突出。

吃火锅真爽

广东省惠州市第十一小学五年级（1）班　陈雨桐

“妈妈，今天我们吃什么呢？”

“吃火锅怎么样？”

“太好了！去哪里呢？”

“肯定是去海底捞啦！这还用说？”

“好吧，就去海底捞。”

今天，我和妈妈两个人趁着周末去华贸商城海底捞火锅店吃火锅。乘坐电梯刚到四楼，我就闻到浓浓的肉香味，本来就已饥肠辘辘的我此时更是迫不及待了。我们拿了号，坐在火锅店外面等。等到他们叫了我们的号码，我们就跟着服务员进去了。

刚坐到座位上，我立刻拿起他们点餐的iPad，手指飞快地跳动起来：新西兰羊肉两份、虾滑一份、捞派千层毛肚一份、捞派捞面两条、海鲜锅底……我点好菜，下了单。

听妈妈说，羊肉是滋补的佳品，高热量，冬天吃它可以驱寒。古时候，一到冬天，北方天寒地冻、寒风凛冽，游牧民族每天都得吃牛羊肉。因此，北方人普遍长得高大健壮。

过了一会儿，菜上来了，我立刻拿着筷子，夹起新西兰羊肉就往火锅里放。没过多久，火锅沸腾起来。瞧！羊肉在火锅里“嘟嘟嘟”地翻滚着，冒着热汽，伴着红油，一股浓郁的香味扑鼻而来。我连忙夹了一块羊肉，想大快朵颐。哇！好烫哦，我只好将送进嘴里的羊肉吐出来，用手不停地往嘴里扇风。

妈妈看了笑着说："心急吃不了热豆腐。"于是，我学着妈妈的样子，夹起羊肉放在味碟里打个滚，再放进嘴里，香滑爽嫩，美味极了！

"妈妈，虾滑也可以放进去了吧？"狼吞虎咽地吃完羊肉，我的肚子似乎还不饱，眼睛盯着虾滑向妈妈问道。虾滑灰不溜秋的，一团一团横卧在盘子里，好像沉醉了一般，是在做美梦，还是重回了海底世界呢？"哈哈，别做美梦了，还是让我饱餐一顿吧。"

"宝贝，快看，虾滑的颜色变成粉红色了，可以吃了。"妈妈怕我又被烫到了，于是将火锅里的滑虾陆续夹到盘子里。哈，真爽啊！不知不觉，千层毛肚和捞面在妈妈和我的双面夹击下全部被"消灭"干净了。

吃完后，我的肚皮圆滚滚的，撑得像气球一样，坐也不是站也不是。我不断回味着美食带来的味觉刺激，感受舌尖上刹那间的快乐，情不自禁地想到曾经听说过的一句话："世界上最幸福的事莫过于读书和美食！"能品尝美食，真爽、真快乐啊！

点评：本文采用"一字立骨法"，以"真爽"为线索，感情真实，人物的语言、心理描写比较传神贴切，富有情趣。

多姿多彩的小学校园生活

广东省惠州市第十一小学六年级（1）班　方博涵

我的小学校园生活多姿多彩，有无穷无尽的乐趣。校园是我学习、成长的地方，也是我结友的地方，我的喜怒哀乐都在这里聚集。

校园是美丽的。一进校园，我就闻到一阵清香。向里走去，就会看到高大的教学楼。在阳光下，教学楼旁的杧果树显得格外精神，昂首挺胸，就像草原上的哨兵一样威武。它们是校园的守护神，常年穿着绿色的服装，默默地为我们服务，就像朋友一样陪伴我们在阳光下快乐成长。花圃中，绿篱茁壮成长着，在校园里形成一道亮丽的风景线。学生走过路过，总爱停下来欣赏一会儿。校园里的美丽还在于学生的作品被制作成一个又一个的展板，供大家学习欣赏。

校园是快乐的。早晨，朗朗的读书声从各个教室里传出来，整个校园沉浸在欢乐的读书声中，校园的一切仿佛被学生的读书声陶醉了。墙上挂着的“尊师、守纪、悦学、友爱”的提示牌，一直激励着我奋发图强。上午，同学们聚精会神地听讲，汲取着书中的营养。就像高尔基所说：“我扑在书上，就像饥饿的人扑在面包上。”到了中午，学生谈笑风生，脸上带着笑容走出校门。下午，学校里响起铿锵有力的脚步声，那是学生在高兴地上体育课，他们满脸是汗，满脸是笑。美好的傍晚来了，值日生在夕阳的沐浴下勤劳地美化着校园。闹了一天的学校，终于安静下来了。

校园是多姿多彩的。宽敞明亮的是我们的教室，干干净净的是老师的办公室。操场校友台前的红旗随风飘扬，欣慰地点着头。

美丽的校园不仅有美丽的外貌，还有让人尽情遨游的知识天地。

转眼间，我们即将度过六年的小学时光，就要毕业了，这六年对于我们每个人来说都极其重要。回望六年的小学校园生活，我们有不少发现，也有不少感慨。

成长中，我们学会了感恩，学会了团结，学会了自立……学会了很多很多，也学会了认识真、假、善、恶、美、丑。总之，经历得越多，成长得越快，我们的路还很长。让我们满怀自信，扬起生活的风帆，创造美好的生活吧！

点评：本文采用“总起—分述—总结”的顺序，首尾呼应，选材详略得当，巧妙运用描写和抒情的写法点明中心。

我最喜爱的家乡美食

广东省惠州市第十一小学五年级（1）班　胡宝珊

我的家乡在惠州，位于东江河畔，是广东客家人的主要聚居地之一，素有“岭南名郡”“粤东重镇”之称。惠州的饮食文化历史悠久，是中国八大菜系——粤菜的菜系组合之一，是东江流域的人们一向引以为荣的骄傲，已成为东江文化特色中不可或缺的组成部分。

惠州自隋代设循州府，是古代北方军旅流落南迁定居地，处于粤东中南部，远离海洋，恰好处在广东三大方言语系（粤、客、闽南）的夹缝之间。因此，惠州风俗文化和饮食习惯形成了一种“兼容并蓄、风姿独异”的特征，以“油重味浓、咸香软糯”为特色，这与惠州人民勤劳耕作、劳动强度较大有密不可分的关系。

惠州是客家人聚居的地方，客家的美食有很多，有东江盐焗鸡、黄焖猪肉、梅菜扣肉、东江酿豆腐等。其中，我最喜欢的菜就是东江酿豆腐了。

在客家，每逢过节、喜庆、婚丧、寿诞都离不开这道菜。酿豆腐的吃法有很多，可以煮着吃、煎着吃、炖着吃和蒸着吃。最合我胃口的就是煎着吃，在快煎好时撒点胡椒，煎好后再撒点葱花。哇！色香味俱全。一口咬下去，肉质鲜美、外酥里嫩的豆腐让我非常有食欲。一个字，香！如果想要味道更鲜美的话，还可以加一些新鲜的鲮鱼肉，如此便更加爽滑可口了。

酿豆腐是客家人的吉祥名菜。客家先民是中原人，每逢过节，中原人都要包饺子。客家人迁徙到岭南之后，由于土地不适合种小麦，没面粉可包饺子，但岭南黄豆多，于是便想出了酿豆腐的吃法，寄托饺子之情，不忘中原之本。

酿豆腐不但好吃，营养价值也很高。因为豆腐是黄豆做的，黄豆有很高的植物蛋白，能补充钙质，预防骨质疏松。

怎么样？看了这篇文章，你是不是迫不及待地想品尝这道美味佳肴呢？想吃的话就来我的家乡惠州吧！

点评：本文选材巧妙，以“家乡美食”为切入点，以小见大，从家乡美食的特点、历史、演变、制作、营养等方面表现了对家乡的喜爱和赞美，层次清晰，中心突出。

“二宝妹妹”要来了

广东省惠州市第十一小学五年级（1）班　肖　笑

上了五年级，我十岁了，整天自由自在、无忧无虑，快活得像个神仙一样。可是好日子没过多久，一切就开始变样了。

自从国家放开二孩政策之后，有许多家庭都生了二宝，班里同学陆陆续续升级为“哥哥”“姐姐”了。下课了，同学们就聚在一起互相询问。有的同学觉得自己地位升级了，感到很骄傲自豪；有的同学闷闷不乐，感觉到自己完整的爱被侵略、分割了；还有的同学更敏感，担心自己漂亮的玩具、用品要被弟弟或妹妹霸占，心有不甘……听着大家的议论，我也不由得思考起来：“我要不要当姐姐呢？当了姐姐后又有什么变化呢？”

过了没多久，爸爸妈妈和朋友一起聚会吃饭的时候，开玩笑说我们家也要再生一个弟弟，这样一儿一女，刚好组成一个“好”字。“什么？还要再生一个，那我就不是独生子女了？爸爸妈妈就会减少对我的关爱了。”听到大家议论纷纷，我莫名地烦躁起来，真担心自己的“一姐”地位不保呢！更过分的是，居然还要再生个弟弟，说什么凑成一个‘好’字，也太重男轻女了吧！说不定还是个妹妹呢……

放寒假了，我兴高采烈地回到外婆家，没想到又被外婆“洗脑”一番：“笑笑，让妈妈再给你生个弟弟吧，以后弟弟长大了保护你，怎么样？”“什么？弟弟保护我？他比我小，我保护他还差不多！”我嘟起嘴把头一歪，第一次感觉外婆的话太不可信了：哪有小孩子保护大姐姐的，这分明是在劝说、安慰我嘛！

寒假回到惠州后，以前平静的家庭生活也开始发生了变化。当我在房间学习时，总能听到父母在客厅悄悄商量着什么，声音不大，似乎是怕我听见，又好像担心影响了我的学习。当我推门走出房间时，他们总是立刻停止了谈论，抬起头来，好像在问："笑笑，怎么了？"每天早上和晚饭后，我发现爸爸和妈妈开始实施"家庭锻炼计划"。吃饭时，妈妈也不再特别针对我的学习，不再整天唠唠叨叨，有时还会分享她搜集到的科学健康饮食小妙招呢！周末陪我去书店买书时也会在"孕妇、婴幼儿"区域驻足流连，有时还会买上几本书回家看……妈妈对我越来越信任了，开始培养我"独立"了。看到妈妈的这些变化，我有些暗喜，我终于不再是"笼中的小鸟"了，也终于不再是妈妈手中唯一的"风筝"了，我的"自由"原来是"二宝弟弟（妹妹）"带给我的呀！不知不觉，我竟开始盼望着"二宝弟弟（妹妹）"早一天出生呢！

没想到两个多月后，妈妈竟然和我说她怀上了一个小宝宝。一开始我还不相信，以为妈妈是骗我的，直到后来妈妈把医院的报告单拿给我看了，我才相信这是真的。

果然，我看见妈妈的肚子一天一天地变大。十个月后，妈妈终于把宝宝生下来了，是个小妹妹。全家高兴坏了，都说妈妈又多了一个"小棉袄"。我们给妹妹起名叫"肖逍"，希望她以后每天都逍遥自在、无忧无虑！

妹妹，感谢你的到来，感谢你让我升级当上了"姐姐"，我们一家相亲相爱到永远！

点评：本文选材新颖，以人物的心理和感情变化"沉思——担心——偷乐——高兴"为线索，感情真挚，字里行间渗透着家人之间浓浓的亲情。结尾写法巧妙，升华了中心。

牙齿的自述

广东省惠州市第十一小学五年级（1）班　刘宸希

大家好！我们是人见人爱、花见花开、食物见了就悲哀的牙齿家族！

我的衣服可多了，有白大褂、黄大褂、黑大褂，可我最喜欢的是白大褂，因为所有的医生都穿白大褂，干净、文明，让人一见倾心嘛！

我的兄弟姐妹可多了，掰着手指算一算有30个呢，我们是相亲相爱的一家人。我们每天的任务就是帮助人类，为人类服务是我们的宗旨。人类没有了我们，就没办法吃饭、说话、表达、交流了，总不能整天像婴儿一样喝流质的食物吧？

我的兄弟姐妹也是一天天长大的。人类刚出生是没有牙齿的，大约三岁的时候牙齿能长齐，到了8岁的时候开始换牙，到12岁的时候换牙结束。那时我们就正式长大成“人”了，“鞍前马后”地为人类服务。

下面就来认识认识我们几个大哥大姐吧。

“Hi！我是门牙大哥，别人也叫我‘龅牙哥哥’。我很大，排行第一。只是，有的小朋友把我当作‘杀手锏’来咬别人，好脏啊！”

“哈哼哈！我是虎牙！我可不是所谓的老虎哟，我是一个在大哥旁边的乖乖女——虎牙二妹！我是一个使人变可爱的牙齿，因为人们常说：‘看，他（她）露出了虎牙，多可爱！’”

“大哥，二姐，你们可别把我遗弃了呀，难道我真的是从垃圾堆里捡回来的吗？Sorry，我叫大牙，我是三弟，胖乎乎的。大哥把撕咬的东西给我补充了营养，我可健康了！虽然我长得位置比较靠里面，一般看不见，但我可重要了！”

“我……是……救我！救我！”一个弱小的声音传来。

“乳牙四妹！”乳牙四妹是最小的，没有离开家的经历。啊，她跑走了！

呀，糟了！主人吃了一个石榴，石榴籽塞进牙缝了！

“呜呜呜……难受死了！难受！”大牙三弟抗议道。

这时，一个自称牙签的东西在大牙三弟的身上刮了一会儿，就飞向了垃圾桶。“可怜的‘朋友！’”门牙大哥叹了口气。

“舒服多啦！”三弟真开心。可是，这时候来了一块快融化的巧克力！“不好了！”二妹大声喊道。

“主人！主人！Help！天哪！我……”看着自己身上的“泥”，虎牙二妹很害怕。

“刷牙时间到！你一刷，我一刷，人人都是乖宝宝……”主人的刷牙铃声响了起来。“中午了啊……”主人疲惫地走向卫生间。

牙齿家族的“天使”——牙刷和白开水来了，呼啦啦，巧克力和细菌被一股风卷走，一场雨给牙齿家族洗了个澡。

“我们变得白白净净了，主人们喜欢我们吗？”

点评：本文以拟人的口吻行文，语言生动，形象传神，有较强的画面感和现场感，富有儿童生活情趣。

新型机器人——阿尔法

广东省惠州市第十一小学五年级（1）班　刘桐汀

一天，妈妈抱着一个白色箱子进来。

哥哥蹿了出来，说："这是一个机器人。"不错，这是一个帅气的机器人，盒子上画着它的样子：蓝眼睛，白皮肤。噢，天哪！它没有嘴巴！我很开心，问妈妈："妈妈，它叫什么呀？"

妈妈说："这是阿尔法。"

我揭开盖子，它有电视机那么高。我发现它没开机，也没有知觉，原来是没有电。"怎么控制这个机器人呢？是用什么来遥控呢？"

我们摁响了小姨家的门铃，因为阿尔法就是小姨父送给我们的。

小姨父开了门，请我们进去。

我迫不及待地问："小姨父，阿尔法是怎么控制的啊？"

在小姨父教会我们使用后，我们回到家，下载了一个"Alpha 1"的软件，按照说明书依葫芦画瓢似的安装软件，心情非常紧张。

我把阿尔法命名为"安妮·汤姆"，简称Tom。

Tom很厉害，简直是一个无敌高手，因为它会功夫、唱歌（中英文都行）、舞蹈、自我介绍，还会摆出各种各样的姿势。

一次，我试着让它表演春晚上一个由Alpha表演的节目《冲向巅峰》。谁知，它表演得非常投入，演完后还不忘回个90°的鞠躬。我连声叫好，手都拍红了，嘴里不时发出"好"的声音。

朋友们，快来我家，和阿尔法一起载歌载舞吧！

点评： 本文不同于一般状物类说明文的写法，而是以人物对话的形式巧妙地将“新型机器人——阿尔法”的颜色、大小、使用方法、作用等进行介绍，层次分明，语言活泼灵动，富有新意。

妈妈，教师节快乐

广东省惠州市第十一小学五年级（1）班　刘俊毅

这几天，校园里到处都能听到一些熟悉而又亲切的祝福："老师，谢谢您！""老师，您辛苦了！"伴随着新学期的到来，伴随着学生的欢声笑语，教师节如约而至。

"同学们，你们给家长庆祝过教师节吗？教师节给家长送过特别的礼物吗？""什么？给父母庆祝教师节，这太不可思议了吧！"昨天快放学时，我听到语文老师说这些话，心里不由得疑惑起来，"我的爸爸妈妈又不是老师，教师节应该和他们没啥关系吧？"可是，老师说："家长是我们人生路上的第一任老师。他们教会了我们说话，手牵手教我们走路，养育我们成长……"

"对，我要给妈妈一个惊喜，我要给妈妈送一个特别的教师节礼物！"听完老师的一番话，我在心里暗自想着。

"我是个小小男子汉，还是用自己的实际行动来表达对妈妈的祝福吧。"经过再三思量，我终于想到了这个好办法，于是说干就干。

星期六一大早，我早早地起了床，趁全家还在梦乡中，我蹑手蹑脚地进了厨房，把门闭得紧紧的，油烟机也不敢打开，轻轻地从冰箱里拿出了事先准备好的汤圆，准备煮个简单的汤圆给妈妈做早餐。咦？包装袋怎么撕不开？昨天明明问过阿姨了。嗯，用剪刀剪开也可以。可是，剪刀在哪里呢？翻翻抽屉没有，打开柜子也没有，该不会和菜刀放在一起吧？于是，我又打开消毒柜。"哐当！"哎呀，勺子掉出来了！"糟糕，该不会吵醒家人吧？"我屏住呼吸，侧耳静听，好像没有什么动静。起锅、舀水、开火……一切准备就绪，只等水开了煮汤圆了。

“儿子，你在干什么？你怎么在煮早餐？”不知何时，妈妈已经站在我身后了，吓了我一大跳，差点把汤勺掉在地上。“妈妈，等今晚再告诉你吧！”我神秘地冲妈妈笑笑。“儿子，今天怎么了？”妈妈边说边走向餐厅。

下午，我自告奋勇陪妈妈去商场买东西。只要能拿的东西，不管大包小包，不管轻重，我全都拿上。左手提，右手拎，甚至连胳膊都挎上几个包装袋，手都勒出些痕迹了，可是我全然不顾，心里不断地想着：没关系、没关系，快到家了、快到家了。

吃完晚饭后，我准备拖地，妈妈突然问我：“儿子，来来来，告诉妈妈，你今天为什么这么奇怪？为什么帮我做那么多事情？”“妈妈，今天是教师节，祝您教师节快乐！”“教师节，和我有什么关系？”妈妈不解地问道。“妈妈，我们老师说家长是孩子人生中的第一任老师，所以您也要过教师节呀！”

“儿子，谢谢你！今天辛苦你了！”妈妈边说边搂着我。此刻，我觉得自己是世界上最幸福的人。能为妈妈做点事，我感到很骄傲呢！

多么难忘的教师节，多么有意义的教师节，我将永远铭记！在未来的每一个教师节，我都会给爸爸妈妈送上一份特别的礼物，感恩永在，孝心无价！

点评：本文选材巧妙，人物的心理和动作描写比较细腻真实，中心突出。

妈妈，我想对您说

广东省惠州市第十一小学五年级（1）班　游一铭

妈妈是一个伟大的人，她不仅给了我生命，还给了我一个幸福的家。每个妈妈在孩子的心目中都是无可替代，我的妈妈在我心中也是这样。妈妈，我有很多话想要对您说，今天就在这里一吐为快吧！

您非常善解人意，总是站在客观角度，将心比心地看问题。有一次，您在下班回家的路上买了三斤水果，拿回家一称，竟足足少了一斤！我和您急忙拎着水果，回到刚刚买水果的小摊。我以为您一定会责骂那个小贩，没想到您心平气和地问："请问，为什么我买的水果少了一斤呢？应该是天太黑了，你看错秤了吧？"我有点不理解，明明是小贩故意的，为什么您不责骂他呢？原来，您不想让本来可以愉快解决的一件事情引发争执，您这样做是为了给那个小贩下台的机会。小贩不好意思地笑了笑，然后补上了缺少的水果，大家都很愉快。妈妈，我想对您说："您真是一个善解人意的人！"

俗话说："金无足赤，人无完人。"虽然您的优点很多，但也有不足之处。记得五年级时，我开始尝试自己坐公交车去我想去的地方。可是，您却特别担心我。一次上完奥数课，天快黑了，我自己坐公交回家。您呢？不停地给我发微信："到哪儿了？下课了吗？到家了吗？要我去接吗？没出什么事吧……"父母担心孩子是常事儿，可我长大了，已经学会照顾自己了，请您学会放手。您不能永远陪伴我，总有一天，我要离您远去。妈妈，我想对您说："请您相信我，请学会放手。"

妈妈，我想对您说："妈妈，您的优点，我会学习；您的缺点，希望您能改正。”您，永远是我的好妈妈！我最想对您说：“妈妈，谢谢您！”

点评：本文选材巧妙，首尾呼应，用平实质朴的语言刻画了一个善解人意的好妈妈形象，字里行间渗透着对浓浓母爱的无限感激之情。

“琴童”修炼记

广东省惠州市第十一小学五年级（1）班　黄易慧

记得我四五岁的时候，爸爸带我去参加一个美国朋友举办的音乐会。一开始，我只是觉得好玩，英文歌曲也听不大懂。后来，当我听到有人演奏小提琴时，立刻安静下来，睁大好奇的眼睛聆听着优美动听的音乐，顷刻间被小提琴深深地吸引住了。

回家后，我就吵着闹着让爸爸妈妈给我买一把小提琴。可是，妈妈总是说：“宝贝，你还小，等长大一点再买吧。”“宝贝，小提琴可不是玩具，练琴很辛苦呢！”妈妈虽然没有马上给我买小提琴，却买回来许多小提琴演奏的碟片。于是，家里经常飘荡着小提琴或高昂、或低沉、或短促、或悠长的琴声。这琴声有时慷慨激昂，有时如泣如诉，似一团炙热的火，似一道势不可挡的洪流，既可以震撼人们的心灵，又可以丰富人们的想象。

终于在我六岁的时候，我拥有了自己的第一把小提琴，成为一名真正的“琴童”，我的“琴童”生活正式拉开了序幕。在老师那里，我首先学会了认识小提琴和音符。小提琴是弦乐，四根弦可以自由活动，或拉或拨，或单根或多根，或左手或右手，或跳弓或顿弓，或强或弱，反复变换，奇妙无穷。甚至可以根据乐曲的需要进行适当的夸张，演奏出的乐曲就会特别有感情。每每听到小提琴演奏，我总有身临其境的感觉。

接下来，老师教我拉小提琴。第一步就是要学会基本的演奏姿势：身体站稳，头微微倾斜，用脖子和肩夹住小提琴，还要学会推弓和拉弓。看起来演奏时的优雅，摆个姿势、做做样子还行，可是5分钟、10分钟，甚至半个小时都是同一个姿势，哎呀呀，肩膀酸痛，脖子僵硬，简直如同“酷刑”一般。那张平时在老师手里服服帖帖的弓，到了我手中就不听使唤了，声音如同锯木厂的伐木工人在工作，又像家庭主妇在刷锅底，刺耳、闹心……但是没办法，谁让我喜欢呢！于是，我总是在心里默默地想象着自己有朝一日登台表演的美好画面。想着想着，也就一天天坚持了下来。

练了一年多以后，我不想再当“琴童”了，感觉枯燥、乏味，没有一点动力。看着手指上留下的一道道裂口，我总是后悔当初的选择，觉得自讨苦吃，甚至会千方百计应付妈妈，让她帮我取消课程。妈妈看出我的畏难情绪，安慰我说：“宝贝，小提琴是你坚持要学的，再坚持一下吧！”“要不，把小提琴送给表妹。”听了妈妈的话，我又羞愧又自责。是啊，是我自己吵着闹着要学的，就这样放弃太没面子了！就这样把陪伴了我一年多的小提琴送给别人，还真舍不得呢！后来，妈妈把我送到琴行去练琴，那里的小朋友挺多，和他们在一起练琴，好像完全打开了一片新天地：有说有笑，有合作，有竞争，有分享，有鼓励，时不时还有大哥哥大姐姐给我当“小老师”，我也给小弟弟小妹妹当“小老师”。老师还会耐心地给我们讲许多音乐家小时候的故事，会将一个音符变成不同的琴音，编成一个个动听的小故事……在这种互动的教学氛围里，我的兴趣再次被激发，练琴更刻苦了，琴艺提高得更快了。功夫不负有心人，五年级的时候，我就已经能熟练掌握拉小提琴的技巧，登台表演的机会越来越多，捧回的奖状贴满了房间的墙壁，还顺利通过了小提琴六级的考试。

“琴童”终于修炼成了！通过学小提琴，我知道了做什么事都要付出努力。不经历风雨，怎么能见彩虹！

点评：本文以时间和事情发展为顺序，选材恰当，叙述清晰，重点突出，感情自然真切，结尾点明中心，给人留下了深刻的印象。

我学会了游泳

广东省惠州市第十一小学五年级（1）班　何逸翀

每当在电视上看到游泳健儿自由舒展、奋力拼搏时，我都羡慕极了。每当看到班里游泳队的同学背起游泳包去训练时，我都会默默地盯着他们远去的背影，心里无数次默念："我要学游泳！我一定要学会游泳！"

你看，会游泳的同学多威风、多快活呀！游泳池是他们的乐园，他们只要两手轻轻一划，身体就轻快地动起来，像水草、像梭子、像飞鱼，在水中畅游着，或划水、或拍击、或跳跃，不时发出一阵阵清亮的欢笑声！

我很幸运，今年暑假参加了一个游泳训练班。一开始，教练让我先学憋气。我长吸一口气，鼓着腮帮子，眼睛瞪得溜圆，心想：这有什么难的？于是，"嚯"的一声跳进了水里。才一两秒钟，我就受不了，水直呛鼻子，也想张开大口呼吸。我想从水里跳出去，更想大声呼喊。可是我不会游泳呀，水又那么深，怎么办？怎么办？我拼命在水中挣扎，胡乱扑腾着……"哎，快起来。"不知什么时候，教练猛地抓起我。我像得到救命稻草似的脱险了，真是虚惊一场啊！

"过来，到这边来。"休息了没多久，教练又喊我到浅水区练习。我记住了"吃一堑，长一智"的道理，牢记教练教给我的训练要领。下水前做好热身运动，用水拍拍胸口，先熟悉熟悉水性，消除自己的紧张感。当我按照教练的要求练习时，立刻感到无比的轻松自在，清凉浸透了整个身心，溅起的朵朵水花发出"哗哗哗"的声音，似音符、似欢歌、似赞叹……当我慢慢潜入水底时，犹如穿越到另一个蓝色的世界，大大小小的"青蛙"在我身边游来游去，游泳池顿时成了欢乐的“池塘”。

水性熟悉得差不多了，教练开始教我们换气呼吸。我站在游泳池里，长长地深吸一大口气，眼睛瞪得滴溜圆，鼓起腮帮子，缓缓地低下头，“倏”的一下潜入水中，用嘴一点一点地吐出气来。接着学“蛙泳腿”。教练分四个步骤讲解：一要把腿收起；二要收起后张开、脚尖勾起；三要把两腿张开，勾脚尖；四要两脚合拢夹水。教练说，关键是两脚夹水时要用力，才能游得快。最后学手的动作以及配合换气。

经过几天的练习，我学会蛙泳了！

游泳不仅是健康的运动，也是求生的技能。学会游泳，不仅让我掌握了一门技巧，锻炼了身体，增强了体质，还让我懂得了在困难面前只要不服输，努力坚持，就一定可以成功的道理。

点评：本文首尾呼应，详略得当，层次清晰，人物心理和动作描写比较真实自然，中心突出。

我学会坐车出行了

广东省惠州市第十一小学五年级（1）班　郑皓源

小时候，妈妈经常对我说：“皓皓，你要学会自己独立生活，妈妈是不可能一直在你身边帮助你的。”那时我还小，不能理解妈妈的话，也就没在意，左耳朵听进去，右耳朵就出来了，当成耳边风。

有一次，我在家里看书，当时爸爸妈妈都不在家，家里就我一个人。

突然，我的电话响了起来。拿起来一看，原来是妈妈。电话里，妈妈告诉我有个好朋友要找我玩，她帮我打了一辆车，让我自己走到小区门口坐车过去。

我听完大吃一惊，急忙问：如果司机把我拐走了怎么办？妈妈从容不迫地告诉我，只要我上了车，她可以在手机上看到实时行驶的路线，我大大地呼了一口气。

然后我就开开心心坐车去了。我上车后，司机按照妈妈设定的朋友家的位置开去。走到一半，他竟然换了条路。“不好，”我心想，“他想拐走我。”

我急忙拿出手机，正准备给妈妈打电话，司机叔叔好像猜出了我的心思，笑着说：“小朋友，没事的，原来那条路有点堵，我会把你安全送达目的地的。”我半信半疑，手机号已经按好，只要拨打就行了。于是，我将手机拿在手上，准备一发现不对劲就马上拨出去。

过了一会儿，终于到达了目的地，我心中的那块大石终于落下了地。并且，我非常兴奋，不仅因为安全到达目的地，而且我还学会了自己坐车。

哈哈！原来我自己还是很棒的，我终于迈出了独立的第一步。

点评：本文叙述清楚，层次分明，心理描写真实，情感流露自然。

精彩的拔河比赛

广东省惠州市第十一小学六年级（1）班　林凯婷

“加油！”“差一点了！”盼着，盼着，一场激烈的拔河比赛在同学们的声声呐喊中正式拉开了大幕！

场内比赛激烈，场外也热火朝天，助威声一浪高过一浪。在广播声中，我们清楚地听到我们的对手班级——六（4）班。

在大家期盼而又紧张的准备中，我隐隐地感觉到：遇到对手了，绝对不是可以轻松获胜的，但不努力一把怎知道不行？面对去年的拔河冠军班，我们队员的手心都出了汗。一颗、两颗……汗滴如同黄豆般大小落下。随着一声哨响，比赛开始了！我方队员站成一男一女的队形，脚并着脚，手挨着手，拼尽吃奶的力气往后拉，一步、两步……有的同学皱紧了眉头，张大了嘴，仿佛想说：“伙伴们，加油啊！”有的同学闭着嘴，眼睛扫向别处，仿佛在想：“谁能来帮个忙？”

在这紧要关头，我方不知谁的手一滑，绳子松了，对手抓住了时机，乘虚而入，狠命一拉，“哗”——第一轮，对方胜。

第二轮开始了，大伙儿都忍住了心中的委屈，继续努力。“加油！”我方啦啦队也扯起了嗓门为大家鼓舞士气，移一步，移两步，眼看象征胜利的小红旗向我方逐渐移来，大家渐渐地放松了下来。“不要松懈呀！这是最紧要的关头了，再移几厘米就赢了啊！”我险些喊出了声。不出所料，原来与我们耗“持久战”的对方，瞬时变成了一群暴怒的“公牛”，又是在关键时刻拼命一拉，我方队员许多因坚持不住而倒地。第二轮，我们又被击败了。

虽然最后输了，但我们毫无抱怨。我们不是专业的运动员，却能在不断的竞争中进步，在不断的实践中成长，在不断的比赛中收获团队精神。友谊第一，比赛第二，我们在挥洒汗水中赢得一片天地！

点评：本文层次清晰，情节跌宕起伏，语言生动形象，心理描写细腻、传神，富有感染力，中心突出。

一次难忘的跳绳比赛

广东省惠州市第十一小学六年级（1）班　李宇晴

“耶！今天上午要举行年级跳绳比赛了。”一想到这件事，我就按捺不住激动的心情，整个心都飞到了操场上。什么课文的主要内容啊、数学的计算公式啊，全都抛到九霄云外，甚至全都化作一根根跳绳，在操场上“啪啪啪”地发出动听的节奏呢！

“下面请六年级参加跳绳比赛的同学做好准备。”终于听到要出场的广播声了。我们全班同学排着整齐的队伍来到操场中间参加比赛。

到了操场，紧张的气氛又活跃起来，同学们叽叽喳喳地议论个不停。有的同学为选手们鼓劲打气，有的同学在窃窃私语，预言哪个班会夺得第一，还有的同学围着选手，似乎在传授“独家秘诀”呢！再看看一个个准备上场的选手，有的摩拳擦掌，似乎胜券在握；有的淡定从容，似乎冠军非他莫属……而我呢，刚才还信心十足，此刻却有些紧张。看着那根又粗又长的绳子，我一言不发，呆呆地站在那儿，想着怎样才能做到最好，怎样才能……

“嘟——”一声哨响，比赛开始了。所有选手立刻飞速跳了起来，操场上顿时热火朝天，响起一片清脆的“啪啪”声。绳子被同学们抡得上下翻飞，呼呼生风，如银蛇飞舞，打得地面啪啪直响。同学们穿梭其间，个个精神抖擞，有的身轻如燕，有的如彩蝶纷飞，动作敏捷。各班的啦啦队更是不甘示弱，加油声此起彼伏，一阵比一阵响亮。而我呢？双腿并拢，双臂张开，有节奏地摆动起来，脚尖点地，轻快地弹跳着。“一、二、三……”“啪啪”的跳绳声多么欢快，就像一个个快乐的音符。我好像有使不完的劲。“加油！加油！”听到同学们不时发出的呐喊声，我像吃了兴奋剂一样，跳得更欢了。“九十八，九十九，一百。”“哇，好厉害啊！”同学们的赞叹、惊叫让我感觉好像离第一名不远了，似乎有些飘飘然了……但是很奇怪，渐渐地，我感到体力不支了，脚像灌满了铅一样重，很难抬起来。“咚——”糟糕，突然一个失误，绳子打结了！怎么办？怎么办？我急得快要哭出来了。“快！快！你一定行！你一定行！”耳边又响起同学们的鼓励声。此刻，我感觉脸涨得红彤彤的，像一个红苹果，脑门上急得流出了豆大的汗珠。我鼓起勇气，咬紧牙关，快速调整情绪，并暗暗给自己加油：坚持就是胜利！坚持，坚持，坚持……

“嘟——”一声清脆的哨声响起，紧张激烈的跳绳比赛结束了。“哇，你跳了128次，太厉害了！”“我们班获得了冠军！”欢呼声、祝福声交织在一起，我太激动、太骄傲了！

多么难忘的一次跳绳比赛呀！这次活动不但锻炼了我们的体质，增强了班级凝聚力，更让我们深刻地懂得了坚持到底、突破自己才能成功的道理。

跳绳比赛太难忘了，我将永远铭记！跳绳比赛，明年见！不，跳绳比赛天天见！

点评：本文选材详略得当，采用“点面结合”的方法进行场面描写。人物的心理描写刻画得真实自然，动作描写准确生动，以象声词和人物的语言巧妙自然地过渡，富有强烈的吸引力，令人身临其境，难以忘怀。

作业引发的思考

广东省惠州市第十一小学六年级（1）班　黄瑾熙

一提到作业，同学们就会觉得头痛了吧？今天，我们就来聊聊关于作业的话题吧！

有的同学可能抱怨说：“为什么每天都要写作业？烦死了，我讨厌写作业！”作为一名学生，我们为什么每天都要写作业呢？

作业是对课堂知识的复习和巩固，如果不做作业，学过的知识很快就会忘记。每当学完新的内容，通过写作业就可以及时把课堂上的知识进行巩固。如果老师布置的作业不会做，说明这节课的内容还没有掌握，就需要多复习，不懂就问。如果全都会做了，说明这节课的知识点已经掌握了。

有的同学害怕写作业，主要是怕出错、怕被批评、怕辛苦。每天的语文课上，任老师都会把作业本中不同类型的错误进行分类。同学们的错误可谓五花八门、种类繁多，有错别字、书写遗漏、没写名字、格式错误、用错本子、字体不工整、写错作业等，真是“世界之大，无错不有”啊！仔细一想，造成错误的原因主要是不认真、不思考。同学们有时边听歌曲边写作业，心不在焉；有时为了省事而贪快；有时敷衍了事，只要能交差就行了……结果呢？错误百出，一次次地重做，这不是花更多的时间吗？长此以往，反而越来越不喜欢做作业了。不仅作业质量随之下降，学习自信心还受到很大影响呢！

那我呢？我认真了吗？我认真了。很小的时候，我就听妈妈和老师说过，写作业是对所学知识掌握程度的检查。而且，老师经常教育我们要养成“今日事今日毕”的好习惯，做事情不能拖拖拉拉的，要做就赶紧做，要做就做到最好。

古人云："学而不厌，诲人不倦。"只有不厌其烦地认真对待学习和作业，我们才能把所学的知识掌握好。

同学们，你的作业完成得怎么样呢？请一定要认真对待作业啊！

点评：本文首尾呼应，开门见山提出问题，夹叙夹议，层次清晰，语言平实质朴，结尾写法显得亲切自然。

我学会了安静下来

广东省惠州市第十一小学六年级（1）班 叶睿芊

从小到大，我从来就没有看过一整本满页文字的书。直到那天，我来到了慈云图书馆，才改写了这一历史。一开始，我找了很久都没有找到想看的书，觉得很无趣，就坐在那里，看手表消磨时间。直到11点，我觉得太无聊了，就随手拿了一本书看，看着看着就到了闭馆的时间。就这样，我的第一天就结束了。

到了第四天的时候，我决定看一本纯文字的书，可我几乎把儿童阅览室走了个遍也没有找到感兴趣的书。于是，我随手拿一本书，决定不管怎样都要看下去。结果，我真的拿到了一本纯文字的书。看了前几页，我觉得很无趣，但强迫自己看下去。看到脑海中有画面感了，我就告诉自己，一定要看下去，看完就可以回家吃饭了。

第五天，我不需要硬撑，可以很自然地看下去了。在不知不觉中，我学会了安静下来。如果你问我是怎么安静下来的，我也不知道，只知道自己已经学会把书中的故事场景放到脑海里了。

其实，书中也可以闻到大自然的味道。即使冬天下雨了，也可以出去玩，只不过是在书中游玩罢了。在书里，我嗅到了大自然的芳香，听到了花开的声音，看到了大自然的奇妙，用心感受生活的美好，甚至去太空中翱翔。

安静下来其实很容易做到，只是看你去不去做、敢不敢尝试。世界上没有做不到的事，只有想做而不敢做的事！如果你做了，你就是下一个敢想敢做的人。

点评：本文选材新颖，写法独特，能够将比较抽象的“静下来”化为具体的、可以感知的行为实属不易，心理描写细腻、真实、具体，想象丰富。

我爱读书

广东省惠州市第十一小学五年级（1）班　蔡东妍

“读书破万卷，下笔如有神。”书像朋友一样，陪我长大；书像百宝箱一样，给予我知识。每读完一本书，就好像打开了一个百宝箱。

我喜欢读书，到哪儿都带着书。我喜欢读书，是因为书中可以学到很多知识，看到很多有趣的故事，这让我觉得非常快乐。

我喜欢读故事情节生动有趣的书，比如《青铜葵花》，里面有些句子特别有趣：“瞧你那样，和灰熊一样，玩杂耍似的。”

我还喜欢看历史书。最近，我在看林汉达先生的《中国历史故事集》，书中每一篇都讲述了一个古代著名的故事。通过这些故事，我仿佛穿越到了古代，了解了很多历史和古人的生活。

读书有很多种方法。有人喜欢读书的时候读出声来；有人喜欢慢慢地读，写读后感，一点点品味这本书；还有人喜欢默读，把看到的内容记在心里。我就喜欢默读，遇到好看的故事就再读一遍。如果太喜欢了，就整本书多看几遍！不过，光这样读还不够，必须静下心来读。“读书法有三到，心眼口，信皆要。”读一本书，心要静，眼要看着书，口中还要读。当然，你可以不读出声，但是不可以想别的事，眼睛也不能到处乱看，不然怎么能读好一本书呢？

“我们是吃饭长大的，也是读书长大的。”读书可以让我们更充实，看得更远，飞得更高。只有多读书，才能做最好的自己。朋友，请爱上读书吧！

点评：本文开门见山，点明题目，中心突出，层次分明，首尾呼应。

我最爱读的一本书

广东省惠州市第十一小学六年级（1）班 刘子慧

“书是人类进步的阶梯。”读一本好书，就像品一杯清茶，余香悠远；读一本好书，就像和一位高尚的人交谈，受益终生；读一本好书，就像点亮一盏明灯，照亮前进的路程……一本好书，给人以力量，给人以温暖，甚至会令人开怀大笑，深受感染。朋友，想知道我最喜欢的书是什么吗？今天，就让我来告诉你吧！

我最喜爱的书是《父与子》。记得这本书刚买回来的时候，我就迫不及待地拆开包装，津津有味地看了起来。结果，不到30分钟，一本厚厚的书已经翻到了最后一页，然后我又重新看一遍。我看了一遍又一遍，乐此不疲。直到现在，这本书已经禁不住我的无数次翻阅，有点旧了。所以，我要好好地保存这本书，推荐给朋友看。因为，快乐应当和大家分享！

无论什么时候，当我轻轻地合上《父与子》时，内心总是涌动着一份欣喜、一份感动。虽然我与书中的人物告别了，但书中用漫画陈述的事情、描述的情景、表达的情感，却已在我心中生了根，永远也抹不去。

《父与子》的作者是德国著名幽默大师埃卜·劳恩。这本书是系列漫画书，因为它没有文字，只有一幅幅小巧的图画，所以我只能去想象、去领会。但就是在这一幅幅生动形象的漫画中，我放松了身心，舒缓了压力，和书中的人物一起乐在其中。

我最喜欢这本书里面的人物，他们是一对可爱而有趣的父子。父亲高高的个子，秃着头，留着大胡子，总穿一件马甲，和蔼、宽容、幽默、聪明；儿子梳着刺猬头，聪明、可爱，是个调皮捣蛋鬼，做出来的事总让人哭笑不得。父子俩善良、正直、真诚和宽容，懂得生活，有幽默感。他们对生活总是抱着乐观的态度、平和的心情，自得其乐，自我开心……

书中《哄儿入睡》的故事最令我难忘。父亲用了各种方法哄儿子睡觉，可儿子十分顽皮，不管父亲怎么哄，就是精神十足。最后，父亲哄得筋疲力尽，倒在儿子的身边睡了。这时候，儿子也搂着父亲的脖子甜甜地睡着了……真是父子情深啊！看着看着，我情不自禁地想起爸爸哄我入睡的情形，甜甜地笑了，沉浸在浓浓的幸福之中！

读了《父与子》，我感悟到父与子之间可以像兄弟一般，一起欢乐，一同玩耍。我希望自己和父亲之间也能有这样浓浓的真情和深情！

朋友们，心动不如行动，赶快买来这本书读一读吧，我相信你也一定会喜欢的。

点评： 本文以"呼告式"的方法开头结尾，首尾呼应，显得亲切自然。全文层次清晰，叙述全面，中心突出。

青梅煮酒论英雄

——《三国演义》读后感

广东省惠州市第十一小学五年级（4）班　彭意舒

读英雄故事，长少年志气。

——题记

《三国演义》，一部众人皆知的著作。每当夕阳染红了天际，我总是想起《三国演义》中耳熟能详的主题曲词："滚滚长江东逝水，浪花淘尽英雄。是非成败转头空。青山依旧在，几度夕阳红。白发渔樵江渚上，惯看秋月春风。一壶浊酒喜相逢。古今多少事，都付笑谈中。"

一遍又一遍的阅读，使我对三国的英雄人物如数家珍。有人喜欢白袍小将赵云，银盔银甲素罗袍，手使五钩亮银枪，于曹军中七进七出毫发无损，单枪匹马救阿斗；有人喜欢耿直的关羽，手使青龙偃月刀，刀重八十二斤，刀头阔长，形似半弦月。而我呢？我喜欢曹操。你可能会问：怎么喜欢一个弄权欺世、彻头彻尾的奸雄呢？其实，历史上的曹操堪称完人。他会武功，曾经持剑击退谋逆者，斩杀数十人；他"挟天子以令诸侯"，成为"影子皇帝"，一统北方；他兴屯田，修水利，恢复经济；他为了赢得民心，不惜剪掉自己的头发以示正法；他熟读各种兵法，结合经验加以点评，著成《兵书接要》；他更是一位文学家，借诗歌抒发政治抱负，一首《短歌行》以真诚和悲凉感叹了生命的忧患和对人生哲理的思考，气格之高远、感情之丰富，足以让他"笑傲千古"；他还是一位教育家，不但把曹丕、曹植两个儿子培养成才，而且惜才、爱才，三下求贤令，为国家培养了两代人才……

曹操真的是“文能提笔安天下，武能上马定乾坤”，佩服啊佩服！

点评：本文以正副标题和题记的形式写读后感，新颖独到，与众不同；感受比较深刻，有独到见解，层次清晰，中心集中。

武术·少林魂

广东省惠州市第十一小学五年级（4）班　刘姝颖

武术，气势恢宏，摄人心魄，如雄鹰般威武，若瀑布般震慑。它是中华民族中宛若和璧、隋珠般的文化遗产，可以“个人自保、增强体质、磨炼意志”。说到武术，不得不说今年春晚的武术节目《少林魂》。

《少林魂》由河南某武校的两万名学员震撼出演。节目编排十分巧妙，所有演员身穿金黄色演出服，在音乐的伴奏下不断变换出人塔、少林拳、八卦阵等造型，可谓动如潮水、静如磐石，还摆出“春、少林、福、为国争光”等汉字，营造出新春佳节的喜庆氛围。表演最后，6000多平方米的五星红旗精彩亮相，共同祝福祖国日益昌盛、繁荣富强。“聚似一团火，散似满天星。”全场观众一起感受了一场“功夫盛宴”，被中华武术深深地吸引、折服。

少林魂，一个多么气势磅礴的名字！表演者先摆成一个“春”字，随后快速散开，形成一个长方形。接着，一声“嘿”从他们的嘴里迸发出来。紧接着，他们双拳紧握，开始表演各种动作，洋洋洒洒，孔武有力，仿佛能拔山扛鼎！随后，表演者们立即疏散，刚才还犹如海洋的人群变成了几十个圆圈。每个圆圈中心各有一人被托在最顶端，似至尊的王冠被托在最上面。随即，他们又如疾风般快速聚集成一个大圆圈，中心有几个人托着大鼓，大鼓上还有一个人正耍着武功。四周的表演者也有模有样地各自挥拳踢脚，各种招式整整齐齐！再看，人海又划分成八个梯形和三角形，整齐划一，气势恢宏！最精彩的是一个个红衣人挥舞着棍棒，令人眼花缭乱！瞧，又有一行行人拉着红丝带从人群中穿过。天哪，竟是五星红旗！激情的伴奏和表演者如雄狮一般的吼声交织在一起，让我感慨万千，激动、振奋、震撼宛若汇集的波浪在我心中激荡。看，他们又以迅雷不及掩耳之势摆成了一个“福”字。最后，红、黄两队交错在一起，表演者振臂高呼“少年魂”。

《少林魂》既展示了中华武术作为国粹的魅力，又展现出新时代中华民族的精神风貌。快哉，中华武术多威武！赞哉，中华精神永流传！

点评：本文作者饱含真情，采用“点面结合”的方法描写场面，观察细致，语言生动形象，中心突出。